大人になってやめたこと

一田憲子

と無理して直すのをやめる

↓

「ついしてしまうこと」には、
限りないパワーが潜んでいることを知る

ファンデーションをやめる
↓
素肌力をアップし、いい日焼け止めを使う

ジャージをやめる

↓

「形」を整えれば、「心」が入る

「誰かと一緒」をやめる

自分の中から「好き」を掘り起こす

じゃがいもを丸ごと茹でるのをやめる

↓

切ってから茹でると時間は半分に。
ラクすればイライラも半分に

[redacted]通いをやめる

自分の体を変えるには、
毎日コツコツ続けることが一番効果的

完璧に掃除することをやめる

100点を目指さなくても、
80点を毎日続ければ、部屋はきれいになる

はじめに

子供は、一つずつ「できること」を獲得していきます。知識を増やし、経験を積み、「できること」「わかること」が増えていきます。いつになったら、全てがわかった！というゴールにたどり着くのだろう？と思ってきました。でも……。50歳になり、人生の折り返し地点を過ぎる頃から、再び「は〜、そうだったのか！」と膝を打つことが増えてきました。ごく当たり前のことや、もうすでに「わかった」と思い込んでいたことでも、す〜っと目の前が開けるように、「なるほど！」とわかる……。そんな体験は、探し求めていたものが、ストンと腹に落ちたようで大層、小気味いいものでした。

自分の欠点って、直そう、直そうと思っても直るものじゃないなと発見する。シーツはリネンじゃなくちゃと思っていたけれど、コットンもなかなかいいものだと知る。張り切っておしゃれをするより、普通の服を着ていた方がずっと感じがいいと理解する。人生後半の「わかる」は、自分の引き出しの中にあるものを、全てひっくり返し、え〜っと、これは、どういうことだっけ？と、もう一度その意味や価値を考え直す作業だったよう。

若い頃は、自分の周りに果てしなく広がる世界の中に、ちっぽけな自分がアクセスできる方法を探すだけで精いっぱいでした。「世界」に「自分」を合わせていくというベクトルです。でも、年を重ねると、世界はとらえようのないほど広くて、不確かなもの、とわかってきます。だったら、ものさしを「自分」に置くしかない……。引き出しの中身を、自分のものさしで再定義していく。それが、私の50代の始まりでした。

そんな作業の中で、若い頃から「これは絶対に必要」と持ち続けていたあれこれが、実はいらないんじゃないか、と思うようになりました。思い癖をやめる、食べ物やおしゃれに関するこだわりをやめる。日々の生活の中の習慣をやめる……。この本は、そうやって私が暮らしの中で、1つ、2つと「やめたこと」をまとめた一冊です。

「やめたこと」には、必ず理由があります。「やめる」までのプロセスは、私が物事を知り、理解し、再定義する過程でもありました。そして、色々なことをやめるたびに、どんどん身軽になりました。私にとって、何かを「やめる」ことは、自分に嘘をつかないことでした。それは、私が私を生きるための人生後半の、大掃除だった気がします。

食べること

日々の暮らしのこと

心のこと

欠点を無理して直すのをやめる

↓

「ついしてしまうこと」には限りないパワーが潜んでいると知る

若い頃から私はずっと、「気にしい」でした。優等生体質で、みんなに褒めてもらわないと気が済まない。誰かに「あれはちょっとね……」と注意でもされようものなら、「ああ、あんなことしなければよかった」「私はこんなところがダメなんだ」「みんなに嫌われたらどうしよう」とウジウジ悩み続ける……。落ち込むたびに、寝ても覚めても「そのこと」が気になって、暗い気分になり、「どうして私って、こんなに気が小さいのだろう？」とおおらかに生きることができる人を羨ましく思ったものです。

どうしてそんなに「気にしい」なのか……。それは、何か行動を起こすときの「ものさし」が自分の外にあるから。学生の頃は、学校の先生に褒められるように勉強し、社会人になったら、課長に褒めてもらえるように書類を整え、フリーライターになったら、編集者に評判がいいように頑張る……といった具合です。「自分がいいと思えばいいじゃない！」と何度も「ものさし」を自分の内へと取り戻そうとするのですが、気がつくと「これ、あの人はどう思っているかな？」と人の顔色を窺っている自分がいました。

取材で色々な方に会うと「人の目なんて全然気にしません」「私は私の好きなことをやります」と言う人が多くて、そんなきっぱりした意志を持つ人の話を聞くたびに「私って、ダメだなあ」と落ち込んでいました。そして、人のことばかり気にして生きていることが私の大きなコンプレックスとなり、「どうしたら、この欠点を直すことができるのだろう？」とずっと考え続けてきたのです。

幸いなことに、年を重ねるにつれ、だんだん人の目を気にすることに疲れてきました。ピンと神経を張り詰めて、身のまわりに飛び交う言葉にアンテナを張る体力がなくなってきたのかもしれません。自然に「ま、いいか」と思えるようになってきたこの頃。でも、やっぱり肝心な場面になると「気にしい」が顔を出すのです。何度も直そうと思っては挫折を繰り返しているうちに、だんだんわかってきました。「気にしい」は直すことができない。人の目を気にしてしまう、という「心」は、意志の力で克服することはできない……。

私はフリーライターなので、取材をして人の話を聞くのが仕事です。インタビューで一番大切なことは、質問を投げた後に「黙る」こと。口が重い人だと、何かを聞いても「う〜ん」とおっしゃるだけで、答えが返ってこないことがあります。シーンと沈黙の間が続くのが怖くて、つい「それはこういうことですよね？」と、答えを自分で言ってしまうことがあります。でも、それでは何も聞き出せないのです。だから、ぐっと我慢して、黙って待つ。すると、相手はぐるぐると自分の中で考えて、ポロッと本音を語ってくれたりします。そうやって体の奥底から出てきた言葉は、その人しか語れないもの。それを拾い上げられるかどうかで、いい原稿になるかどうかが決まる気がします。

こう語るこの人の日常にはどんな時間が流れているのだろう？　この人のこんな気持ちはどこから生まれているのだろう？　人の話を聞くときには、できる限り自分を離れて耳を澄ませます。そんなことを繰り返す中で、あれ？と気づきました。これって、私の「気にしいスイッチ」が作動するときと、同じパワーを使っているんじゃなかろうかって……。「私」じゃなくて「あの人」がどう考え、どう感じ、どんな時間を過ごしているか、体中の毛穴を開いて感じ取る。私のインタビューには、まさに「気にしい」が役立っているんじゃなかろうかって……。

「人の目を気にする」ということは、裏側から見てみると、「人の心に自分の心を重ねる」ということです。ちょっと言い方を変えてみたら、なんだ！私の欠点って、もしかして「いいこと」だったじゃん！と思ったのです。

人の欠点とは、自分でも気づかないうちに、「ついしてしまっている」ことです。人見知りだったり、せっかちだったり、心配性だったり、怒りんぼだったり。無意識にしていることを「やめよう」としても、なかなか難しいもの。だったら、無理して直さなくていいんじゃないか、と思うようになりました。

それよりも、自分が嫌だ嫌だと思っている「欠点」に、別の方向から光を当ててみたら……。人見知りは「一人でじっくり物事を考える」ことに、せっかちは、「段取り上手」に、心配性は「慎重」に、怒りんぼは「反発力」というパワーにと、きっと「長所」変換できる、と信じてみたい。あ〜あ、とため息をつく前に、自分の「欠点」の中に、とてつもないパワーが潜んでいると信じることができたなら、「だったらどうする？」と、これからできることを見つけられそうな気がします。

「わかってからやる」をやめる
↓
正しいか間違いかを判別する唯一の方法は「やってみること」

2年前に、自身のウェブサイト「外《そと》の音《ね》、内《うち》の香《か》」を立ち上げました。季節の花を集めた花屋さんのように、美味しいパンを並べたパン屋さんのように、私は自分が「面白いな」と思ったテーマでものを書き、それを読みにきてくださる方のために「お店」のような「場」を作りたかったのです。

ただ、どうやったらサイトを作ることができるのか、さらにはこのサイトで、どうしたらお金を生み出すことができるのかは、さっぱりわかりませんでした。記事を作るには、取材に出かけたり、カメラマンに仕事を発注したりと、コストがかかります。長く続けていくためには、やっぱり「お金を産む仕組み」を作らなくてはいけない……。でもその方法は、いくら考えてもわかりませんでした。友達たちは「『ここから先は有料』っていう有料コンテンツを作ったら？」と勧めてくれましたが、なんだか違う気がしたのです。ず〜っと考えても答えが見つかりそうにない。だったらとりあえず始めてみちゃおう！と見切り発車しました。

ちょうど同時期に、さまざまなビジネスを始めた人の話を聞く機会がありました。驚いたのは、どんなにビッグなビジネスを手がけている方も、最初は「何も知らなかった」「何もわからなかった」という事実です。そうか、何かを始めるとき、みんなそのやり方も、成功への道筋も、わかっていないものなんだ。それは私にとってなんだか不思議な発見でした。

昨年『暮らしのおへそ』（主婦と生活社刊）で取材した北海道で、「植松電機」を営む植松努さんがこうおっしゃって、なるほど！と思いました。

「人間は、『やったことがないこと』にしか出会いません。なぜなら人間は一回しか生きることができないから。みんな初めての、一回しかない人生をぶっつけ本番で生きています。」

若い頃、人生にはどこかに「正解」があって、みんなそれを目指して歩いていくのだと信じていました。でも、30歳になっても、40歳になっても、50歳になっても、「正解」

はなかなか見えてきませんでした。もしかして、「正解」なんてないのかも……。50歳を過ぎた頃から、やっとそう気づき始めたというわけです。なんて遅いのでしょう！

そう考えれば、全てのことが「わからない」からスタートしていることに気づきます。私は子供がいないのでわかりませんが、きっと子育てもそういうものなんじゃないかなあ。どう育てればいいかなんて、育てながらしかわからない。結婚だって、全くの他人だった男と女が生活を共にし、互いのことを思いやり、でも、時には「やっぱり言ったってわかってくれない」とがっかりし、でも一緒に人生を歩むうちに育ってくるものがある……。仕事も、会社に入ってどんな仕事をするかなんて、入社時は全くわからないし、自分が与えられた仕事の意味や価値も、自分で作っていくものなのかもしれません。「わかってからやる」というセオリーを一旦白紙に戻してみると、人生への向き合い方が変わってきます。「わからない」けれど一歩を踏み出すためには、いくつも道がある中で「ここ！」と一本に決めなければいけません。でも、実はこれがなかなか難しい。だって、その道が正しいか、間違っているかがわからないわけですから。「それでも」と自分を信じ「こっち」と踏み出す。それは、「間違えているかも」という可能性を認め、腹をくくることでもあります。

当然「間違えたらどうしよう？」と不安だし、怖い。でも、ずっと「わからない」と立ち止まったままだと、永遠にわかりません。つまり、「正しいか」「間違いか」を判別する唯一の方法が、一歩を踏み出す、ということ。このことがわかるまで、随分時間がかかってしまいました。「あいたたたっ」と壁に頭をぶつけて、初めてそれが「間違い」だと気づく……。そうやって、「正しい道」を自然に選べるようになるのだと思います。

私が、「わかってからやりたい」と思ったのは、間違えるのが嫌だったから。でも、どうやら痛みを伴わないと正しさは手に入らないよう。だったら、早めに間違えて、早めに修正すれば、早く正解にたどり着けるかも。だから、思い切って一歩前へ。

そうやって、「わからない」けれど進み始めると、今度はその道が面白くなってきます。「あれ、違うの？」「だったら引き返して、こっちへ行ってみようか？」「わあ、この道の先にこんな風景が見えるなんて！」と、見知らぬ道で体験する全てのことにワクワクします。いつも正解じゃなきゃダメ。いつも１００点じゃなきゃダメ。そんな自分を脱ぎ捨てれば、迷路を歩くのもなかなか楽しいものです。

「誰かと一緒」をやめる
――→ 自分の中から「好き」を掘り起こす

歳を重ね、経験を積めば、「誰かの真似をしよう」なんて思わなくなるし、「みんなと一緒じゃないと嫌」ということもない、と思っていました。でも……。例えば、「あそこに新しくオープンしたギャラリーがいいらしいよ」という噂を、あちこちで聞くようになると、お尻がムズムズしてきます。「私も行ってみたい」「私だけ、行ったことがないと、なんだか時代に乗り遅れたみたい」と思ってしまうのです。さらに、「この頃、あのブランドの服が評判らしい」と耳にするようになり、気がつけばあの人もこの人も、「あのブランド」の服を着ていると知ると、気になって仕方がなくなります。

もちろん、みんなが「いい」と思っているものを知る、ということは、時代のリサーチには必要だし、ライターという職業柄、常にアンテナを立てて、新しい情報をキャッチする、ということは大切です。ただ、ものを選ぶスタート全てが「誰かが言っていたあれ」「誰かが持っていたこれ」になってしまうと、自分でものが選べなくなり、物事の良しあしが見極められなくなってしまいそう。

さらには、もし街中をブラブラ歩いている最中に、「あ、これいいなあ！」と何かをキャッチしても、それが「名もなきもの」であったら、自信を持って選ぶことができない……。自分がいいなと思ったものに、「誰か」も「いいな」とお墨付きをくれないと安心して手が伸ばせないのは、何かがおかしい、と感じるようになったのでした。

取材でいろいろなお宅を訪ねると、大抵同じようなものを見かけます。有名作家さんの器、北欧の人気ブランドのブランケット、雑誌でよく紹介されている家具……。確かに素敵なんだけれど、そこに住んでいる人が見えてこない……。そうか！　そこに「自分の目」がないと、どんなに素敵なインテリアでも、それは「コピー」にすぎないんだと、わかってきました。逆に、独自の目線で集めたものをしつらえた部屋を訪ねると、そこには、確かにその人だけの時間が流れていたのです。

神戸市の六甲にあるギャラリー「モリス」を手伝っていらっしゃる森脇ひろみさんという70代の素敵な女性がいらっしゃいます。あるとき、住まいについてのお話をしてくださいました。「我が家はとっても狭いんです。でもね、居心地がいいんですよ。それは、嫌いなものが1つもないから。私は、どんな小さな場所でも、そこに自分の好きなものを集めさえすれば、幸せに暮らしていけると思うんです」

そんなお話を聞きながら、「満足度の風呂敷を広げすぎないっていいなあ」と思ったのでした。きっと森脇さんは、「誰かと一緒」でなくても、「自分が好きなもの」を1つ、2つと集めるだけで、幸せになれるのだと思います。

だとすれば、「誰かと同じでないと気が済まない」という思いを手放すことで、すぐそばにある小さな幸せを手にすることができるんじゃなかろうか?と、考えるようになりました。「誰かと同じ」を求めると、あっちの「誰か」のことも、こっちの「誰か」のことも気になって、知っておかなくちゃいけないことや、手に入れなくてはいけないものの幅が限りなく広がっていきます。すると、いつまでたっても心が満たされることがない……。

とはいっても、「これがいいのよ」と言われれば、知りたくなるし、気になります。それを無理してシャットアウトしようとは思わないけれど、何かを選ぶときには、自分の胸にちゃんと聞いてみよう、と思うようになりました。そして、「これ、いいな」と感じたら、きちんと自分に自信を持つ。

私は器が好きで、若い頃から本当にたくさんの器を買ってきました。最初は雑誌で紹介されている作家さんの個展に足を運ぶことから始めました。この小鉢は○○さん作。こっちの平皿は、△△さんが作ったもの。1枚器を買っては、料理を盛り付けるとワクワクしたなあ。でも……。数年たつと、自分の食卓を眺めるのがだんだん苦しくなってきました。料理よりも、○○さん、△△さん、という作家さんの名前が先に立って、息苦しく感じられたのです。そこで、もう作家さんの名前を手放すことにしました。誰が作ったかよりも、私が作った肉ジャガが美味しく見えればそれでいい。やっとそう思えるようになりました。

若い頃は「誰かと一緒」であることで安心していました。でも、しばらくすると「誰かと一緒じゃなくちゃ」という思いが、逆に自分を不自由にすると知りました。大事なのは自分で選び直すこと。人生の後半は、自分の中から、本当の「好き」を掘り起こすことをワクワクと楽しみたいと思います。

長く続けることをやめる
↓
意志の力でなんとかするより、素直に体のリズムに従って早めに休みを

幼い頃から、「飽きっぽい」ことがずっとコンプレックスでした。何かに夢中になっても、しばらくたったらすぐに飽きて、次の新しいことを始めたくなる……。同じことをコツコツと、という堅実さが私には全くないよう。

原稿を書いていても、本当に集中できるのは1時間ほどです。1時間たったら、なんとなくFacebookを覗いてみたり、お茶を入れに行ったりとウロウロし始めます。掃除も30分以上続けると、疲れてきてだんだん嫌気がさしてきます。一体どうしたら、根気よく物事を続けられる人になれるのだろう？と考えていました。

でも、「飽きる」ことや、「集中力が切れる」ことは、自分の意志とは関係ないところで起こります。どんなに三日坊主をやめようと思っても、やめられるわけではない。努力で克服できることではない、とわかってきました。つまりは、「飽きても仕方がない」

ということ……。

だったら、この「飽きる」という状態を、うまく利用してみよう、と思い立ちました。例えば、原稿を書いていて、そろそろ1時間だなという頃になると、ガクンと書くスピードが落ちます。「書く」ためには、考えがまとまらなくてはいけません。次に何を書くか?は、頭がクリアだとどんどん湧き上がってきますが、疲れてくると、なんにも出てこなくなります。

そんなときは、無理してウンウン唸《うな》らないで、さっと机から離れる……。キッチンまで行って、洗いっぱなしだった器を所定の位置に戻したり、花の水を替えたり。大事なのは、書斎を一旦離れるということ。気分転換なら、机の前に座りながらネットサーフインをしたりもできるけれど、一旦流れを切るということが効果的です。もう一つは10分ほどで戻ってくること。雑用に時間を取られすぎると、原稿に意識を戻すのに時間がかかります。

夜、寝る前に仕事をしていると、だんだん能率が落ちてきていることを感じます。「あとちょっとやっておきたい」と思うけれど、そんなときは、さっさとやめて、お風呂に入り、さっさと寝ます。30分早く寝て、30分早く起きた方がいい。朝、起きたての頭で向き合えば、2倍3倍のスピードで仕事がはかどります。

ある時、掃除の達人に教えてもらった掃除のポイントは2つありました。ひとつは、「掃除は汚れていなくても毎日します」ということともうひとつは「30分以上はしないこと」。洗面所からリビング、書斎、玄関、トイレまで。30分で終わらせるのは大急ぎです。このスピードが「ああ、面倒」「ああ、しんどい」と思う暇を与えない大きなポイントだなあといつも思います。晩ご飯の支度も30分でできるものを、と考えます。これは、おかずの組み合わせが大事。時間がかかる煮物が食べたい日には、メインは焼き魚や、蒸し鶏など、焼いただけ、蒸しただけでできるものに。メインが春巻きやコロッケなど手がかかるもののときは、生野菜のサラダや冷奴《ひややっこ》など、盛り付ければ出来上がり！という副菜にします。あれもこれもと張り切って、1時間もキッチンに立っていると、「どうして手伝ってくれないのよ〜」と夫に当たり散らしたりと、だんだん不機嫌になってきます。ご機嫌に準備ができる、というタイムリミットが30分なのだと思います。

上手な時間の使い方は、いつの時代も永遠のテーマです。若い頃は、一日のスケジュールを細かく書き出して、あれもやろう、これも終わらせようと張り切ったものでした。

でも、大抵の場合計画倒れで、半分もできない自分が情けなく、自己嫌悪に陥って……。幾度となくそんな失敗を繰り返し、今では、やらなくてはいけないことを書き出しはするものの、「今日全部やろう!」とは思わなくなりました。できなくて当たり前、順番に終わらせていけばいい。不思議なことに、そうやって割り切るようになった方が、かえってサクサク片付けられるようになった気がします。

いつも頑張れる自分ではいられない。それを認められるようになるまで、随分と時間がかかりました。でも「できないこと」を諦められるようになったとき、初めて「だったらどうする?」と次の一手を打つことができるようになりました。無理して「できない」を「できる」にひっくり返すより、「できる」ことだけを見つけて取り掛かった方がずっとラクだし、早いし、確実です。

「そろそろ飽きてきたな」は、体のサイン。意志の力でなんとかするより、素直に体のリズムに従って、早めに休み、早めに気分転換し、仕事も家事もストレスなくやっていければいいなあと思っています。

反省をやめる
↓
寝る前に楽しいことを1つ考えれば、今日一日が全てハッピーになる

一日の終わりにベッドに入ると、その日の出来事や、会った人のことが頭の中をぐるぐると巡ります。「あの取材のときに、もうちょっとこんなことを聞けばよかったなあ」「今日の打ち合わせは、準備不足だったなあ」「今日も夫にプリプリ怒っちゃったなあ」。思い浮かぶのは「もうちょっとこうしたらよかった」という後悔や反省ばかり。

そのうちに、どんどん将来までが不安になってきて「この仕事がうまくいかなかったらどうしよう」「あの人に嫌われたらどうしよう」「3年後、5年後に仕事あるかな?」など、ありとあらゆる「悪いこと」に押しつぶされそうになります。もっと前向きに明るく行こう!と思っても、ペシミストの私は、どうやら物事を悪い方へ悪い方へと考える癖がついているよう。若い頃からずっと、「一体いつになったら、不安というものを手放して布団に入ることができるのだろう?」と思っていました。

そんなとき、2つの出来事が重なりました。1つは、私が主催している「おへそ塾」というワークショップでのこと。「あなたのおへそ=習慣は何ですか？」という問いに対して、ある人が「寝る前に、楽しいことを考える」と答えてくれたのです。一見何の変哲もない小さな習慣に聞こえますが、「あれ？　これってもしかしてやってみてもいいかも？」と思ったのでした。

時を同じくして、実家の母が体の具合を悪くし、検査を受けることになりました。朝から心配で、仕事をしていてもソワソワ。心が落ち着かず、「何か嫌なものが見つかったらどうしよう？」などあれこれ考えていました。幸い、結果は良好でホッと胸をなでおろしました。

その日の夜のこと。ベッドに入ると「お母さんが無事でよかった〜」という安堵感が押し寄せてきました。そして、「ああ、家族が健康でいるだけで、なんて私は幸せなんだろう」とあらためて思ったのでした。あれ？　昨日まで反省と不安に押しつぶされそうだったのに、今日のこの幸福感はなんだろう？　昨日と今日は何にも変わっていないのに、何かが起こったわけでも、何かを手に入れたわけでもないのに、私はこんなにハッピーで、ぬくぬくとした布団の中が心地よく、手足を伸ばしてご機嫌だ！　そんな自分にびっくりしたのでした。

そうか、「今」の感じ方で、人はこんなにも変わるものなんだ、ということがわかってきました。それ以来、寝る前は「反省」ではなく、「今、感謝したいこと」を考えるようになりました。「今日も健康で一日が終わったこと」「両親が、遠く関西の地で元気でいてくれること」「夫と今日も自宅で美味しいね～と夕飯を食べたこと」「私が書いた文章を読んでくださる方がいるということ」。

今、私の周りにある「いいこと」を思い浮かべるだけで、自然に「は～、今日もいい一日だった」と眠りに落ちることができるようになりました。

人は「悪いこと」より「いいこと」を思い浮かべることの方が難しいような気がします。以前「北欧、暮らしの道具店」の店長、佐藤友子さんとお話をしていたときのこと。佐藤さんは、会社でスタッフたちといつも「振り返り」の時間を持つようにしているそうです。1つ記事をアップしたら「振り返り」、新しく商品を発売したら「振り返り」、といった具合。

「そんなとき、スタッフはいつも反省ばかりするんです。『何かいいことはなかったの？』って聞いても『え〜？』と答えられない……。自分がやった『いいこと』に気づき、それを拾い上げるって、意外に難しいみたい。でも『何がよかったか』をきちんと把握することって大事だと思うんです』と教えてくれました。

母が元気でいてくれたことが、今まで当たり前だったように、どうやら、ず〜っとうまくいっていることは、意識のレベルにのせることが難しいよう。でも、健康であることとは、人間の細胞一つ一つが問題なく動いている結果。同じように、うまくいっていることには、必ず確かな理由とつながっているはずです。しかもあれとこれと、と複数の条件が調和して「今」という状況を作り出している……。そんなふうに思いを巡らせると、「今ここ」でうまくいっていることが、まるで奇跡のように思えてきて、本当にありがたくて、幸せだなあと思うのです。「できないこと」ではなく、「今、できること」へとチャンネルを切り替えるだけで、布団の中での心のぬくぬく度合いが変わってくる！だったら反省や不安を手放して、嬉しかったこと、ワクワクしたことへチューニングし、ハッピーな眠りに落ちたいなあと思うこの頃です。

明日でいいことは今日しない
↓
今日に余力を残しておけば、何かに気づく心を持てる

久しぶりにインフルエンザにかかりました。最近の薬はとてもよく効いて、熱は1日でストンと下がりますが、その後が辛い！　体がフラフラして節々が痛く、3日間は何も喉を通りません。元の状態に戻るまで4～5日かかってしまいました。「今年こそは、風邪をひかないように！」と手洗い、うがいなど気をつけていた矢先だったので、「はて？　どうしたら毎日心も体も元気に過ごすことができるのだろう？」とあらためて考えました。とにかく頼りになるのは、自分の中にある免疫力と自己治癒力しかありません。これを高めるためには、「疲れすぎない」ことと、「寝不足にならない」ことが大事。そこで、普段の生活習慣をもう一度見直してみました。

私は、どうやら10の力を持っていたら10使い切らないと気が済まないようです。燃料を全て使い切り、空っぽにしてからパタリと寝る……というイメージ。多少オーバーワ

ークになっても、気合で乗り越えてきました。

もちろん、いつも走り続けているわけではなく、ダラダラもします。夕飯が終われば、テレビを見ながら寝落ちすることもしょっちゅう。ハッと10時頃目覚めたら、またパソコンの前に座り、12時まで仕事をして、「さっき仮眠したし」と、結局寝るのが遅くなってしまいます。多分、私の中には「この1時間あれば、アレを前倒しして片付けられるし」とか、「明日やるコレを今日やっておけば、明日ラクだし」という思いが常にあり、「やらなくてはいけないことリスト」を一つでも減らしておきたいのだと思います。

でも、これがずっと続くと、夜眠ってスイッチを切ったとしても燃料補給が8割ぐらいしかできていないうちに、朝になります。そして、また走りださないといけません。どうにか、9割ぐらいでやめることを覚えなければ……と感じるようになりました。12時ギリギリまで仕事をするのではなく、せめて11時にやめて、残りの1時間は、ゆっくり音楽を聴いたり、本を読んだりしよう……。ということです。ただし、コレがなかなか難しい。つい「あと、もうちょっと」と、何かを片付けてしまいたくなります。ほとほと自分が欲張りだなあということに、今さらながら呆れてしまいます。

9割でやめるためには、「やること」を1つ減らさなくてはいけません。それは何かを「諦める」ということです。〝欲張り〟には、コレができないのです。いつもは10個しか入らない枠に11個12個を詰め込みがちなのに、9個に減らすだなんて……。

かつて「エヌ・ワンハンドレッド」を営んでいらっしゃった大井幸衣《ゆきえ》さんが「私のモットーは、明日でいいことは、今日やらないってことよ」とおっしゃったのを聞いて、なるほど〜と思いました。私は、「明日のことを今日やっておけば、明日がちょっとラクになるかも」と思っていましたから……。でも、よく考えてみれば、明日のことを今日やっておいても、明日になれば、またやらなくてはいけないことが生まれてきて……と、きりがないのです。

だったら、今目の前にあることの中で、「明日でいいこと」を探してみたら……。ありました、ありました、いっぱい！　あの書類の整理も、このリスト作りも、キッチンの片付けも、DMの整理も、明日でいいかもしれない……。なんだ、今日どうしてもやらなくちゃいけないことはそう多くない、と気づきました。私は常に先へ先へと前倒しすることで、自分の不安を解消しようとしていただけなのかもしれません。必要なのはあと1割を残して、ガラガラとシャッターを下ろす潔さ。

そんな「9割の目」を持って、自分の人生を眺めてみたら、毎日が変わってくるかもしれません。極端なことを言えば、今、生活のほとんど全てを占めている仕事をしなくなる日がいつかやってくるかもしれないし、絶対コレだけはしておかなくちゃ、と思い込んでいる掃除や日々のご飯作りだって、しなければしないでなんとかなる……。いつも正面からしか見てこなかったものを、後ろから見ると、価値観がぐらりと揺らぎます。9割でやめる、ということは、単に時間にゆとりを持つだけでなく、そんな「もう一つの視点」に気づくことなんだろうなあ。

「何がなんでも、今日はここまでならなくちゃ」と思い込んでいた自分をふっと緩めてみる……。そうやって、自分を甘やかし、許し、解放することも、必要になってきたのかなと思います。ふ〜っとひと息ついたとき、見える風景、聞こえる音、感じる風を大事にしたい。そう思うと「あと1割」の先に広がっている世界をのぞくことがなんだか楽しみになってきました。

「もっともっと」をやめる
↓
「持っていない」ものを数えるより、すでに持っているものを「使う」人生を

若い頃から、なかなか自分に「よし！」とOKを出すことができませんでした。例えば、一仕事終えて、周りのスタッフは「よく頑張った！」「なかなかいい出来だよね！」と讃《たた》え合っているのに、私は「もっとできることがあったんじゃないか？」「これで本当によかったんだろうか？」と、「できたこと」より「できなかったこと」にフォーカスしてしまうタイプ。今から思えば、それはきっと「OK」を出すことが怖かったからなのだと思います。

「これでよし」と満足してしまうと、そこから先に進むことができなくなるんじゃないか？という心配もありました。私は「ここ」で満足しているわけでなく、もっと上にのぼりたいんだ！　若い頃は、そんなギラギラ思いがあったのかも。

いつの頃からか、周りで「今に満足することが大事」と言う人が増えてきました。自

分で自分にOKを出してあげなくては、いつまでたっても幸せを手にできないと。確かにそうだと聞きながら、心のどこかで、「それでいいの？」と思っていました。ハングリー さ＝飢餓感を持っていないと、自分を一歩前に進めるための力までなくなってしまうんじゃないか……。「まだまだ」と思うことは、自分の中の「欠け」を認めることでもあります。まだ私にはできていないことがたくさんある。世の中にはまだ知らないことがたくさんあって、それを学ぶことで、私はもっと成長できるはず……。

ただ、ずっと「まだまだ」と思っていると、絶えず不安で、絶えず満たされず、心が疲弊してきます。40代の頃は、ずっと「もうそろそろ自分に満足してもいいんじゃなかろうか？」という思いと、「いやいや、満足しちゃったら終わりでしょ」という思いの間を行ったり来たりしていたように思います。

ところが、50歳になった頃から、自然に「もっともっと」という思いが、ポロリと皮が剝《む》けるように、自分の中から剝がれ落ちていきました。人生の後半に差しかかり、無限にあると思っていた時間に限りがあることを感じ、「あと何年仕事ができるだろう？」と考えたとき、「いつまでも『もっともっと』と言っていたら、人生が終わってしまう！」と思ったのでした。

だったら、私が今まで得たものを、これからは「使う」人生を始めてみよう！と考えました。そんなシフトをしたとたんに、ハッとしました。「私が使えるものって何だろう？」「私がすでに持っているものって何だろう？」ということが、全くわからなかったから……。今まで「もっともっと」と、「まだ持っていないもの」ばかりにフォーカスしていたので、「すでに持っているもの」が何なのが、自分の中が全く整理されていなかったのです。

そうなると、俄然楽しくなってきました。私の中には、今まで手にしたものが、ぎっしり詰まっていて、それを整理し、並べ替え、「あれ」と「これ」を組み合わせ、何ができるかを考えるってなかなか楽しそうじゃん!と思ったというわけです。

数年前、私はとある出版社に企画書を持ち込み、自分のエッセイ本を出そうとしたことがあります。取材を終え、いつものように原稿にまとめ、編集者に送ったら、「一田さん、これちょっと違うと思うんです」とダメ出しをされました。「『取材』ではなく『分析』で書いてください」と。つまり、自分の中で一度噛み砕き、自分の文章としてアウトプットしてください、という意味です。その後、本は難航し、一旦お蔵入りになりました。私にとって、とてもショックな出来事で、出版社から泣きながら帰ったことを覚えています。今なら当然のことだったと思えます。当時の私はまだ、自分が書く文章に「自分を出す」勇気がなく、取材をして「こんな素晴らしい人がいたよ」と誰かの後ろに隠れていたかったのでした。でも、あの辛い体験を機に、思い切って自分を出す文章を書く訓練を始めました。それは、自分がすでに持っているものを掘りおこし、新たな視点でまとめなおして、自分の手のひらの上にのせる作業でもありました。

私の場合は「書く」ことだったけれど、いろいろなコミュニティーの中で、「自分」を出してみると、今までとは別の世界が開けるんじゃないかなあと最近思っています。「自分の中にあるもの」で勝負をすると、そこに自然と自分の「場」ができます。多分それは、「私はこう思う」と声にすることで、そこに共鳴してくれる人が集まってくれるから。若い頃は、どこかに何かを探しに行く時期。人生の後半は、すでに持っているものをより成熟させ、自分の内側を充実させていく時期。「もっともっと」をやめてから、新しい発見がいっぱいです。

カメレオン体質をやめる
↓
「お腹の中にあること」を声に出してみれば、ありのままの自分になれる

フリーライターという仕事は、出版社から仕事をいただいて初めて成立します。つまり「依頼者」がいないと仕事がなくなるということ……。若い頃、まだキャリアもなく、実力もなく、全く自分に自信が持てなかった頃、この「依頼」がなくなることが怖くてたまりませんでした。もちろんスキルを上げ「いいライター」になることが大事だとはわかっていたけれど、やっぱり編集者との関係は人と人。彼ら、彼女らと「仲良く」なることを心がけました。「あの人は今、何を求めているのだろう?」「どうしてほしいと思っているかな?」。いつも全身をアンテナにして相手のことを察し、先回りして準備する。つまり「あなた好みの女になる」ことに全力を注いでいたのです。

もし、編集者が「Aがいいと思うなあ」と言えば、自分がたとえ「Bがいい」と思っても、自分を抑えて「Aがいいですよね～」と言う。そんな卑屈な自分だったなあと、

今悲しく思い出します。こんなに極端ではなくても、例えばママ友同士、会社の上司との関係、いつも仕事を一緒にするチームなど、「人」と関わるとき、誰しもが一度は「自分を殺して、人に合わせる」という経験をしたことがあるのではないでしょうか？

でも……。そうやって自分に嘘をついていると、必ずバレます。自分が好きでもないことを、相手に合わせて「私も好き！」といくら言ったところで、本当に「好き」という種が心の中になければ、それに着火してパワーとして燃え上がらせることはできませんから。さらに、嘘をついていると自分を消耗します。本当の気持ちを隠して、大して好きでもないものに「いいよね～」と相槌を打つ。そんなことを繰り返しているうちに、果たして自分が本当に好きなものは一体なんだったのかさえ、わからなくなってきます。絶えず「人」をものさしにし続けることで、自分のものさしの目盛りまで読めなくなってくる……。これでは、せっかく100の力を持っているのに、50の力でしか生きていないことになってしまいます。

私が、やっとカメレオンの皮を脱ぐことができるようになったのは、ごく最近のことです。年を重ね、経験を積み、少しは自分を信じることができるようになってきて、誰かが「私はAがいいと思う」と言っていても、「いや、私はBがいいと思う」と声に出せるようになりました。

思い切って声に出してみて、最初に感じたのは、「あれ？　言っちゃっても大丈夫じゃん！」という驚きでした。隣の人と違う意見を言ったとしても、「ふ〜ん、そう。なるほどね」と会話はそのまま流れていきました。「あの人を否定することになるんじゃなかろうか？」と恐れていたのに、どうやら杞憂《きゆう》だったよう。

そして、自分の「お腹の中にあること」と「声に出すこと」が一致したときは、こんなにもスッキリと気持ちいいものなのだとあらためて知りました。たとえ、周りの人みんなが「Aがいい」と言っても、「私はBがいいと思う」と心のままに意見を言うと、周りの人が「一田さんは、Bがいい、と思う人なんだ」と認識してくれます。それは、嘘偽りのない私のまんまの姿です。すると、次の会話に進むとき、みんながきちんと「Bがいい一田さんが、今度は……」と前提条件を理解してくれている……。これは、人間関係を育んでいく上で、とてもラクなことなのです。

カメレオンをやめることは、ありのままの私になることでした。そして、ありのままの私を人の前に投げ出して、わかってもらうことでもありました。嘘をついていると、いつまでたっても本当の自分を理解してもらうことができません。だから辛くて、心がどんどん疲れてしまっていた……。

もう一つの大きな変化は、自分の内側で起こりました。カメレオン時代は、大きな目で周りをキョロキョロ眺めてばかりいました。それが、じっと目を閉じて、自分の声に耳を傾けるように。「これとこれ、私はどっちが好きだろう?」「どうして、私はこれに惹かれるのだろう?」「これを選んだら、どんな生活が始まるだろう?」

それは、世の中で起こること全てを「自分ごと」として、捉え直す作業でした。手に取ったものを、自分の目盛りがついたメジャーで測り直すといった感じ。きちんと自分で観察し、考え、判断する、という癖を、50歳も近くなってやっと身につけ始めたばかりです。そして、本当の自分で生き始めると、自然に自分が好きなもの、興味を持つこと、気が合う人が集まってくるから不思議。すると誰かと自然に繋がって、新しい扉がパタパタと開きだす……。私が私の色で年を重ねていったなら、その先にどんな変化がおこるのか楽しみです。

独り占めをやめる

↓

誰かに託して、
思いがけない結果が返ってくる
ときめきを受け取る

夫と一緒に暮らし始めたばかりの頃、しょっちゅう喧嘩ばかりしていました。大雑把な私は、四角い部屋を丸く掃除するタイプです。几帳面な夫は、私が掃除をした後に、同じところをまた掃除する。「そこ、さっきしたよ」「だってきれいになってないじゃん」「ムカッ！」と喧嘩が勃発するというわけです。

大雑把ということは、自分でわかっているつもりでも、負けず嫌いな私は、それを認めたくない。妙なところでプライドが高くて、「自分ができていない」ということが許せない。でも、あまりに喧嘩しすぎて疲れてしまい、あるときから「わかった、じゃあ掃除はあなたに任せるよ」と、降参することにしました。すると……。なんて身軽になったことでしょう！　私は掃除をしないからラクチンで、夫は自分のペースで掃除をして部屋はきれいになる。もっと早くからお任せすればよかった！

自分が苦手なことを手放すためには、まず自分が「できない」と認めるところからスタートしないといけません。でも、つい「頑張ればできるんじゃないか」「できないことは悪いことなんじゃないか」と考えてしまうのです。

「誰かにお願いしてやってもらえばいい」とは言っても、「自分でできることを人に頼むのはいけないんじゃなかろうか？」と負のスパイラルに落ち込んでしまう。つまり「ねばならぬ」に囚《とら》われていると、どんどん自分一人で問題を抱え込み、身動き取れなくなってしまうのです。でも、掃除を夫にお願いしたことで、「できない」と言ってしまえば、全てがうまい方向へ転がりだすことを知りました。

『暮らしのおへそ』というムックは、３人のスタッフで作っています。この本を立ち上げたばかりの頃は、１冊丸ごと全て私が書いていました。自分が立ち上げた本だから、他人に渡すのは嫌でした。でも……。号数を重ねるにつれ、雑誌に変化が必要になってきました。それには、私一人の視点では限界があります。恐る恐るページを手放し、２人のスタッフに取材と執筆をお願いするようになりました。

フリーライターとして他の雑誌でも活躍している編集担当和田紀子さんは、読書家でもあり、毎回私が全く知らない人を「この人が面白そう」と提案してくれました。その人選は物理学者だったり、医師だったり、大学教授だったり。その都度、「うわ〜、面白い〜！」とワクワクし、毎回取材が楽しくて仕方がありませんでした。

一方、主婦と生活社の編集担当木村愛ちゃんは、3人の娘さんのお母さん。私が全く想像もつかない子育てのドタバタと、それでもと仕事を頑張るガッツのあるママ友との付き合い方など、「母」の視点を生かして取材をしてくれました。私自身が仕事を手放すことで、2つの視点が加わって、『暮らしのおへそ』はグンと内容の層が厚くなったのでは？と思っています。

自分では、そんなつもりは全くなかったけれど、受験戦争や就職活動などを経て、私の中には知らず知らずのうちに、「人よりいい学校に行き、いい会社に就職する」ことや、「人より先にゴールを切る」こと、「人より幸せにならなくちゃ」という思いがこびりついていたのだと思います。人より早く、ゴールをぶっちぎらなくちゃと……。でも、どうやらそうではないらしいと気づいたのは、ごく最近のことです。

一人で抱え込んでいた仕事を、人に手伝ってもらった方が、よりクオリティーが上がることを知り、一人でイライラしながらやっていた家事も、「お願い！」というひと言を言うだけで、ぐんとラクになることを知る……。その結果、たどり着いた結論は、「一人で幸せになる」より「みんなで幸せになる」方が、１００倍も「幸せ度」が高くなる、ということでした。

私は仕事以外では「明るく閉じている」タイプの人間なので、「みんなで」という集団行動が苦手で、できれば一人で行動したい。でも……。心を開き、誰かに「助けて」と言い、荷物を持ってもらうと、こんなにも素晴らしい結果が返ってくるんだ！ということを体験すると、「あれ？　どうやら扉を開けた方が、より豊かに過ごせそうかも」と思うようになりました。

人に託したことは、リターンとして何が返ってくるかわかりません。お任せしたら、もう私のコントロール下にはなく、ただ「待つ」ことが必要です。時には期待外れ、ということも。でも、自分の力が及ばないからこそ、思いもかけない結果が返ってきたときの喜びは、心をときめかせてくれます。「独り占め」しない。それは、見知らぬ世界からの贈り物を受け取るための、心の姿勢であるような気がします。

付き合いをやめる
↓
誰かと関わる幅をひと回り
小さくして、心が触れる距離感に

忘年会や新年会、パーティーなどがとても苦手です。大勢の人がいる中で、自分がどう過ごしていいのかわからない……。適当に楽しめばいいのに、自意識過剰になって、「ここにいる私ってどう見られているだろう?」など、あれこれヘンなことを考えてしまう。多分、元来社交的ではないので、私は、「役割」を与えられないと「場」に馴染めないのだと思います。

大きなパーティーではなくても、6~7人の集まりに呼ばれることがあります。顔が見える集まりなので、断りにくく、そういう場合は大抵出かけていくようにしています。でも……。帰りがけにどっと疲れてしまうのです。

当たり障りのない話をして、なんとなく楽しげに笑って……。ヘンな責任感のスイッチが働いて、そこにいる人全員が話に加わっているかが気になって、あまりしゃべっていない人には話を振るように気を配る……。結局気疲れして、帰り道「私ったら、一体何をしに来たんだろう？」と、不毛な時間を過ごした気持ちになるのでした。

私の場合、ほとんどが仕事関係の集まりですが、世間には色んなコミュニティーがあります。仕事の上司や同僚、ママ友やご近所さんの集まり、友人知人との関係などなど。もちろん、人は一人では生きていけないし、周りの人に助けてもらうこともたくさんあります。でも……。上手に過ごせる人はそれでいいのですが、そこで過ごす時間によって、自分自身を消耗してしまったら何にもなりません。

そこで、最近では、自分の心がワクワクと動かない限りは、会食や集まりのお誘いは、申し訳ないけれどなるべくお断りするようになりました。「相手に悪いから」と無理をして出かけると必ず、「あ〜あ、行かなければよかった」と思うものだと学習したから。

おそらく、私は「本音」で話さないと、人との交流を楽しめないという、面倒くさい人種なのだと思います。今興味を持っていること、最近感動したこと、これからやってみたいこと……。本音と本音を交換する集まりでは、自分一人では考えもしなかったアイデアを聞けたり、「そうそう！」と共感したり、意外な視点からヒントをもらえたりと、ワクワクと心が弾みます。そんなときには、「ああ、行ってよかったなあ」「あの人と出会えてよかったなあ」と嬉しくなります。でも、そんな機会は残念ながらそんなに多くないのです。きっと、多くないからこそ、腹を割って話ができる相手が大切で、ほんのたまにだからこそ、ぎゅっと濃密な時間が尊い……。

いつも、多くの友達に囲まれ、どんどん人とつながって人脈を広げ、楽しそうに過ごしている人がいます。私は不器用なので、なかなか心が開けず、さらには「隠れ頑固者」なので、どんな人とでも気が合うわけではありません。そんな自分はなんて自分勝手で頑ななんだろう……と思っていましたが、「私ね、集まりが苦手で」とちょっと話してみると、「私もそうなのよ」と同感してくれる人が、思っている以上に多くてびっくりしました。

明るく見えて、実は気を使いすぎ、心が疲れている人って意外に多いのかもしれません。だから、そんなにいつも人と交わっていなくたっていいんじゃない?と思うのです。ほんのちょっぴりの本当に気の合う人と、美味しいものを食べながら、しみじみ、じっくり、愉快に話し、いい時間が過ごせればそれでいい……。

ただ、真逆のことを言うようですが、気が進まないけれど、エイッと出かけていき、そこで思わぬ出会いをすることがあります。いつも、挨拶程度しかしたことがなかった人と、がっつり一緒にご飯を食べてみたら、まるでソウルメイトのように話が合って、わかり合えた……。そんな体験は本当に嬉しいもの。特に自分が弱っているとき、人の言葉の中に次に歩きだすための光を見つけると、そばにいる人のありがたさ、そして自分のちっぽけさを感じます。きっと、普段はバリアーを張っているけれど、「どうしていいかわからない」「私ができることなんてあるんだろうか？」と、心が弱っているときには、人の言葉に耳を澄ます素直さを持つことができるよう。だから、なんだか気分が落ち込んで、モヤモヤしているとき、進んで誰かに声をかけご飯を食べに行ったりもします。

私が望んでいるのは、心が触れ合う距離感での人付き合いなのだと思います。だから、誰かと関わる幅を一回り小さくしたい……。そのために必要なのが、時には誘われても「断る」という方法なのでした。人生は短いもの。だったら「なんとなく」会うのではなく、粒よりの人間関係の中で、本当の心のやりとりを楽しみたいと思うのです。

いかもなあと思いながら、まずは短いデータを渡してみました。四苦八苦しながら仕上げ、「楽しかったです～！」と言ってくれたのが、なんだか嬉しくて、少しずつお願いするようになりました。

すると、どんどん腕を上げ、スピードも速くなり、完璧な文字起こしをしてくれるように！　何よりインタビューの内容を聴き、それを自分の手を使って文章に起こしていく、という作業を、彼女自身が心から楽しんでくれたのです。

「あ～、時間がない」「あ～、面倒くさい」とイライラする前に周りを見渡して、「これ、お願い」と託した方がずっとラクで、全ての段取りがスムーズになります。お願いするときに大事なのが、「それが得意な人」に頼むこと。できれば頼んだ相手も楽しくその作業をしてほしい。私がお願いしたことによって、その人の時間もちょっと豊かになればいい……。私が望むことと、相手が望むことがカチリと一致する。そんな頼み方ができればいいなあと思っています。

ただし、誰が何が得意で、「それ」を楽しんでやってくれるかどうかは、一度お願いしてみないとわかりません。だから、「ああ、困ったな」と思ったら、早めに辺りを見渡して、気軽にお願いを投げかけてみる。タイミングと相性さえよければ、きっと誰かがキャッチしてくれるはずです。

最近では夫にも、「この器、拭いといて」「大根おろしやって」と、具体的に物事を頼めるようになりました。「少しは察してよ！」とイライラするより、具体的に何をしてほしいのか言葉にする方が、お互いにずっと気持ちよく助け合えます。自分一人で頑張らなくていい。私より得意な人の力を借りてもいい。それは、私にとって、人生の後半をご機嫌に生きていくための、大切な術《すべ》になる気がしています。

誰かの「得意」を生かす

私は人にものを頼むということがとても苦手です。優等生体質×負けず嫌いというダブル作用によって、「自分でできることなのに、人に頼むなんて甘えすぎじゃないか?」「まずは、自分で努力しなくちゃ」と思ってしまう……。

昨年、私のワークショップやトークイベントにたびたび来てくださっている女性が「お仕事を手伝わせてくれませんか?」とメールをくれました。お会いしてみて、とてもいい感じの方だったので、インタビューの文字起こしをやってもらうことにしました。取材で録音しておいた音声を、レコーダーを聴きながらパソコンで文字に起こす……。これがなかなか大変な作業なのです。全くの初心者だった彼女には、ちょっと難し

おしゃれのこと

ファンデーションをやめる

↓

素肌力をアップし、いい日焼け止めを使う

ふと気づくと、周りにノーメイクの人が増えてきました。眉毛をサササッと描いて、リップだけ。そんな人は大抵、背筋がすっと伸びて颯爽《さっそう》としていて、かっこいいのです。私もいつかメイクをやめたい……そう思いながらも、なかなか思い切ることができませんでした。特にやめたかったのは、ファンデーションを塗ること。

仕事であちこち移動すると夏などは汗だくになります。よく一緒に仕事をしているカメラマンの馬場わかなさんは、いつもすっぴんで、撮影が終わると洗面所でジャブジャブ顔を洗って、タオルで拭いてこざっぱり！　そんな姿が清々しくて、気持ちよさそうで、羨ましくて仕方がありませんでした。リキッドのファンデーションを塗っていると、外出先で塗り直すのはなかなか難しく、ジャブジャブ顔を洗うなんていうことはほとんど不可能になります。そんな自分がとても不自由で、もっと身軽になれればいいのに、

と思っていました。

夏になると、特にどこへも行っていないのに「一田さん、海外でも行ってきたの？」としょっちゅう聞かれます。日に焼けやすくて、すぐ黒くなる。「地黒」であることが、コンプレックスでした。「色の白いは七難隠す」と言われますが、色が白くてキメ細かで……。そんな肌でないと、ノーメイクは無理！とずっと思い込んでいたのです。

初めてメイクをしたのは大学生の頃。どうしたらいいのかわからず、母と一緒にデパートに行って、店員さんの言いなりにファンデーションからアイシャドウ、リップまで、一式を揃えました。その後、バブル世代だったこともあり、どんどんメイクは濃くなって、ＯＬ時代は、アイシャドウで目の周りをくっきり彩り、口紅はブルーがかったピンクに。「モテたい」という気持ちが満々で、私がもっとも「盛っていた」時代です。

その後、フリーライターになり、服装もぐんとカジュアルになり、少しずつメイクは薄くなりました。40歳を過ぎた頃から、アイメイクをやめました。まぶたのシワや色素沈着が気になり、アイシャドウを塗るよりも、何もしない方が、目元がスッキリする気がしたのです。こちらは、自分でも思っていた以上にすんなりやめることができました。

『大人になったら、着たい服』(主婦と生活社刊)でメイクの特集を組んだことがあります。プロのヘアメイクアップアーティストさんが教えてくれた年を重ねてからの「大人のメイク」のテクは、徹底した「引き算」でした。ファンデーションは手にとって、手のひらでよく馴染ませてからトントンと肌にのせるだけでいい。それを聞いて以降、私も少しずつ毎朝使うリキッドタイプのファンデーションの量を減らしていきました。

そんなメイクをエイッと全てやめたのは今年になってから。きっかけは「レミオ」というモロッコのアルガンオイルを紹介していらっしゃる方と出会ったことでした。私より少し年上のその女性は、まさにノーメイク。メンズライクなセーターとデニムをさらりと着こなして、キリッとした太めの眉。若者のようにきめの細かい美しい肌だったわけではありません。シワもあるし、シミもある……。でも、ありのままを受け入れた、その姿がとても美しいと感じたのでした。そして「あ、私も！」と自然に思えるようになりました。

ファンデーションをやめるためには、まず素肌力を鍛えなくてはいけません。彼女に教えてもらって、私も洗顔後、アルガンオイルを薄くのばし、ローズウォーターをシュッとひと吹き。オイルの後に化粧水という順番だと保湿効果があり、肌がふっくら潤うのだとか。その後、自分が使っている乳液でフタをします。こうして、ケアを続けること約1か月。「この頃、調子良くなってきたなあ」と感じるようになりました。そして、いよいよファンデーションを塗ることを中止！

とはいっても、日焼け止めだけは塗り、薄くパウダーをはたきます。眉を整え、顔色が悪く見えないように、口紅だけを少しつけて完成！　今までも、そんなにメイクに時間をかけていたわけではないけれど、ひと工程少なくなるだけで、朝の身支度がぐんと気楽になりました。どろりとしたリキッドのファンデーションで手も汚れないし、ササッ、パパッで終了！　今までのように、汗を拭いたらハンカチに肌色がつく……なんてこともなし。

ずっと当たり前のように続けていたことを「やめる」ということは、時に勇気がいります。でも、だからこそ「やめた」ときの暮らしの変化は、想像している以上に大きなものです。「行ってきま〜す」と玄関を出て、自転車を漕《こ》ぎだすと、肌に当たる風を感じながら、新しく生まれ変わったような気分になりました。

体力がないと、
ピピッと反応するアンテナの
感度を上げることができない

↓

疲れる靴をやめる

私は身長が167㎝と高いので、若い頃からペタンコ靴ばかり履いてきました。それでも、女らしい靴が履きたくて、よく選んだのは、バレエシューズのような、ちょっとかわいい華奢《きゃしゃ》なものです。

ところが、10年ぐらい前から、取材で知った「冷えとり」を始め、靴下を4枚重ねばきするようになりました。すると華奢な靴では足が入らない……。ちょうど同じ頃出会ったのが「ショセ」の靴でした。「chausser」とはフランス語で「履く」という意味なのだとか。その名の通り、日本人デザイナーが手がける靴は、人が「履く」ことによって、それぞれの物語を紡ぐようなシンプルさ。そして、何より足にピタッと馴染んで履きやすい。ここで、私は初めて「レースアップシューズ」というものを知りました。

紐で結ぶ、どっしりとした「おじさん靴」履いてみると、足元がピリッと引き締まり、コーディネートがメンズライクに決まってなかなかいいのです。以来、少しずつ靴を買い替え、今では、私が持っている靴の90％は「ショセ」のレースアップシューズになりました。

変わったのは見た目だけではありません。華奢な靴は靴底が薄いので、長く歩いているとすぐに疲れます。でも、ピタッと足をホールドする靴は、疲れにくい。こんなにも疲労感に差が出るのかと驚きました。取材であちこち歩き回っても、以前ならすぐ休憩したくなっていたのに、へっちゃらです。

そんな私の靴箱に、2～3年前からさらに仲間入りしたのがスニーカーです。以前はスニーカーを履くと、コーディネートがカジュアルになりすぎる気がして苦手でした。でも、取材で素敵な大人の女性が、スニーカーをかっこよく履きこなしている姿を見て「私も！」と思ったというわけです。

すると……。「スニーカーってこんなにラクチンだったんだ！」とあらためて感動。今では『暮らしのおへそ』のイベントなど、一日中立っている日や、地方出張の際には、足元は必ずスニーカーです。

いい仕事をするために、一番大事なのは「体力」だよなあと最近感じています。若い頃は、徹夜もできたし、多少無理なスケジュールを組んでも、乗り越えられました。でも、年を重ねるにつれ、無理がきかなくなって、「もうひと頑張り」ができなくなってきました。

同じ星空を見上げても、体と心がクリアなら、その輝きが胸に沁《し》みます。でも、どんよりと疲れていると、何も感じることができず、美しい空を見ているのに見えていない……。それは、人と会ったり、本を読んだり、新しいものを見つけたりと、どんな場面でも同じこと。「体力」という土台がないと、ピピッと反応するアンテナの感度を上げることも、そこから何かを感じ取るやわらかな心も、育てることができないのです。

数年前に『暮らしのおへそ』の別冊で『まずは、体を整える』というムックを作りました。これはまさに、「頭や心を整える前に、まずは体を整えましょう」という1冊。どうしようもなく落ち込んだときは、あれこれ考えるよりぐっすり眠った方がいい。たっぷり睡眠をとった後、目覚めたら頭も心もクリアになって、いいアイデアが天から降ってくるのをつかまえられる……といった具合です。

「疲れる靴をやめる」ということは、私にとってそんな「体力」を手に入れる手段の一つです。足が疲れると、突然集中力が切れます。もうひと頑張りしたいけれど、「ま、いいか」と諦めてしまう……。でも、インタビューの最後の一つの質問で、相手の本音を引き出せたり、プライベートでどこかに出かけたときにも、「もうちょっと」と足を延ばした先に、小さくて素敵なカフェを見つけて大喜びしたり。「あと一歩」の先にあるものは、意外に大きいのです。

どんなときにも、自分の足で歩き、誰かに会って話を聞き、そこで感じたことを文章に綴っていけたらいいなあと思っています。インターネットやAIにより、バーチャルな体験は簡単になったけれど、そこに行かないとわからないこと、感じられないことが必ずあります。だから、自分の足元をしっかりと支えてくれる靴を履いて、これからも元気に出かけていきたいと思います。

高級下着をやめる
↓
自分の毎日に本当に必要なものにお金を使う

「おしゃれな人は、目に見える洋服ではなく、下着にお金をかける」とは、女性誌でよく謳《うた》われる文句です。私も若い頃は、背伸びをして高級ランジェリーを買ったもの。当時、やっぱりそれは「誰か」のためのものであり、いざというときの「勝負」のための道具でした。でも、ある程度の年齢になると、下着は誰に見せるわけでもなく、自分しか知らない贅沢になります。ちょっといい下着を身につけることで、忘れかけていた「女度」を上げる……。

でも、当然ですが高級ランジェリーはとても高価です。自分の暮らしのレベルに照らし合わせて、それが必要かどうか、と考えたとき、「ノー」という結論を出しました。今愛用しているのは、ブラジャーは骨盤体操で知られる寺門琢己《てらかどたくみ》さんがディレクションされたという、トリンプの「肩甲骨のきもち」というシリーズ（現在は廃盤）。ショーツはコットン100％で1枚1000円前後のものを。キャミソールは「無印良品」のオーガニックコットン製です。

若い頃「私は、なんのために仕事をして、なんのためにお金を稼いでいるのだろう？」と悶々《もんもん》と考えていた時期があります。取材で素敵な人に出会うと、その人が使っている器や道具、上質な服など、全て初めて見るものだらけで、「あれを使う生活って一体どういうものなんだろう？」と知りたくてたまりませんでした。あの頃の私は、「もの」の後ろに続く「それを使うという人生」を体験したかったのだと思います。そして、「お金」はそんな「体験」を買うためのツールだった……。

ものの価値は、自分のお金を使って買い、日々の中で使ってみないと本当のことはわかりません。どんな器がいいかなんて、見て判断することなんてできないから。自宅のキッチンで、自分が作ったおかずを盛り付け、食卓に運んで、「わあ、これに盛り付けると美味しそうに見えるなあ」とか、「これはちょっと座りが悪くて使いにくいなあ」とか、「ついこの小鉢を選んでしまうのは、サイズ感がちょうどいいからなんだな」など、色々なことを学んでいきます。

洋服も同じこと。リネンのシャツってどこがいいの？　カシミアとウールはどう違うの？など、着てみないとわからないことがいっぱい。若い頃は、こうやって自分に投資し、学ぶ時期なのだと思います。

でも、いつまでも学び続けるにはお金がいくらあっても足りません。もちろん今でも、新しいものを手に入れて「ほ〜、そういうことか！」と発見するのは、ワクワクするお楽しみです。でも、40歳を過ぎたあたりから、そろそろインプットのスピードを緩めようと思うようになりました。すでに必要なものはある程度揃っていたし、今度は「あれ」と「これ」を組み合わせ、どう使おうか?と「すでに持っているもの」の中からお楽しみを生み出すようにシフトしたというわけです。

そして、何にいくらぐらいお金を使うのかも、再度考え直すようになりました。「体験」を買うのではなく、本当に自分の毎日のために「必要」なことにお金を使いたい……。そう考えたときに、不要なものが見えてきました。高級ランジェリーもその一つだったというわけです。今の私にとっては、下着は「身につけていることさえ忘れる」ぐらいのものがいい。きちんとサイズが合っていて、ずれたりせず、肌に心地よければ、それ以上の価値は必要ない、と判断しました。

以前、セレクトショップオーナーにお話を伺ったときのこと。「華奢なパンプスは、買い物には車で出かけ、歩く必要はほとんどない。そんな生活をしている人が選ぶもの。私たちのような一般庶民だと、歩きやすい靴が一番ですよね」。そう聞いてなるほど～と思いました。大切なのは、「今の生活」に合っていること……。

年を重ねるにつれ、肌が敏感になり、化学繊維を身につけると痒《かゆ》くなるようになりました。だから選ぶ下着はコットンや麻など自然素材が基本。それさえ守れば、リーズナブルで手に入れやすいもので十分です。

以前、とあるファッションブランドのデザイナーの方を取材させていただいたとき、彼女の下着は全て黒でした。白いTシャツなどを着て下着が透けて見えるとき「肌色だと余計にいやらしく見える気がして。黒だと見えてもクールだと思うんです」という言葉が印象的でした。そこで、私も下着は全てネイビーかグレーで統一。「私はこれ」と決めたものが、引き出しにきちんと収まっていると生活が安定します。それは、今の私にとって、高級ランジェリーが並んでいるよりも、ずっと大切なことのように思います。

ジャージをやめる
↓
「形」を整えれば、「心」が入る

とある週末、久しぶりに夫と伊豆方面にドライブに出かけました。温泉に入って、なかなか行くことができなかった御殿場の「とらや工房」へ。「そうだ、これお土産にしよう！」と作りたてのどら焼きを買って夕方帰宅しました。さっそく近所に住む「ギャラリーフェブ」の引田夫妻のところへ、おすそ分けをお届けすることにしました。もう夕飯時だし、ご迷惑かなあと思ったのですが、作りたてだから、早い方がいいと、自転車を飛ばしてご自宅へ。〝ピンポーン〟とチャイムを鳴らすと、ターセンさんとカーリンさんがニコニコ笑顔で出てきてくださいました。その姿を見てびっくり！　自宅でくつろいでいらっしゃったはずなのに、お二人とも素敵なセーターを着て、なんともおしゃれなのです。

私は、といえば、家にいるときはとても人様にお見せできるような格好ではなく、ジャージに穴の開いたボロボロのセーター。宅配便のお兄さんならまだいいけれど、誰か知り合いが訪ねてこようものなら「ちょっと待って！」と着替えないと、とても出ていくことはできません。そっか、家でももうちょっときれいな服を着た方がいいな……。と引田夫妻の姿を見て反省しました。

クロゼットの中から、せっかく買ったのにイマイチで、あまり着ていないセーターとワイドパンツを引っ張り出してみました。あまり窮屈でなく、ラクチンなものを選ぶのがポイント。すると……。いつもの部屋の中で、料理をしたり、原稿を書いたりしている自分の姿が、なんだか美しくなった気がして、いい気分なのです。そのあまりの効果に驚きました。着るものが違うと、こんなにも気持ちが上がるものなのかって……。外出するときに、いい服を選ぶのは当然です。でも、誰も見ていない自宅で、自分のためにおしゃれをする。たったそれだけで、しゃんと背筋が伸びるし、気持ちが明るく前向きになります。

若い頃、「外見ばかり整えて、中身が伴っていないんじゃ仕方がないわよ」と言う大人たちの批判をよく耳にしましたが、「外見を整えれば、中身も整う」のも真実だと思います。まずは「器」を用意して、それに見合う「中身」を自分で作っていけばいい……。

20代の頃、商社勤務をやめた私は、編集プロダクションに転職。入ったばかりだというのに、いきなりオーストラリアに取材に連れていかれました。ショップ取材のために、現地で電話でアポをとる。モデルを連れて服を選びに行く。雑誌を作った経験なんてゼロの私が、いきなりそんな仕事を振られて四苦八苦。でも、現場では「できません」とは言えませんでした。それはそれは辛い体験でしたが、アップアップしながらなんとか走り回っているうちに度胸がつき、何より「やればなんとかなる」ということがわかってきました。自分の身の丈を超えて、120％の力で仕事をする。若い頃はそんな時期も必要だと、今では思えます。

『暮らしのおへそ』で『日日是好日』（新潮社刊）の作者としても知られるエッセイストの森下典子さんを取材させていただきました。20代の頃から茶道を続けられている森下さん。『日日是好日』は、最初はお茶のことなんてさっぱりわからなかった著者が、四季の巡りと共に1年を終え、2年目を迎え、前年と同じ時季に春のお茶碗で春のお菓子と共にお茶をいただく……。そんな体験を通してお茶を「わかっていく」プロセスが丁寧に綴られていました。そこで、森下さんがおっしゃっていたのが、「世の中には『すぐにわかるもの』と『すぐにはわからないもの』の2種類がある」ということ。

この仕事ってどんなことをするもの？　私の力が発揮できる場所ってどこ？　豊かな人生って何？　世の中には「すぐにはわからないこと」がたくさんあります。

森下さんは、毎週お茶の日になると、今さっきまでドタバタと仕事をしていたのに「日常の根っこを無理やり抜かれるようにして」お稽古へ通うそうです。そうやって、何もわからなくても、毎週毎週繰り返すうちに、やがて見えてくるものがある……。まず「形」ありきで、先に「形」を作っておいて、その入れ物に、後から「心」が入る。それがお茶というものなのだと教えてくださいました。

家でジャージを着るのをやめて、身なりを整える。そんな「形」を作れば、一体どんな「心」が入るのか楽しみになってきました。そして仕事でも、暮らしの中でも、「わからない」ことを怖がらないで、「わかっていく」過程をワクワクと味わってみたいと思います。

張り切っておしゃれすることをやめる
↓
「普通の服」でいい。あえて幅を狭めることで、おしゃれのブレがなくなる

ひと昔前まで、私にとっておしゃれは、「張り切って」するものでした。洋服を買うとなれば、いいブランドのちょっと凝ったデザインの1枚を見つける。出かけるとなれば、人よりセンスよく見られたいし、できればかっこよく目立ちたい！　でも……。流行《はやり》の尻尾《しっぽ》になんとなく乗っかって、何を着てもなんだかしっくりこず、自分に似合うものって何だろう？　どうして、イマイチ垢抜けないんだろう？と、ずっとおしゃれに自信が持てませんでした。

そんな考えがガラリと変わったのが、7年前に「おしゃれのことがわからないから、先輩たちに教えてもらおう！」と『大人になったら、着たい服』というムックを立ち上げてからです。50代、60代、そして70代と年を重ねてなお、かっこいい女性たちはみんな、声を揃えてこう言いました。「普通の服でいいんです」

え〜？　最初にそう聞いたとき、私は大層物足りませんでした。あっと驚く服選びの視点や、コーディネートの技を教えてもらおうと思っていましたから。普通のTシャツ、普通のチノパン、普通のクルーネックセーター。そんな「普通の」服を選んだら、「普通のおしゃれ」になってしまう……。そう思いながらも彼女たちを見ると、確かにとびっきりかっこいいのでした。

どうやら、おしゃれは「どんな服」を着るかではなく、「どう着るか」なのだ、とわかってきたのは、取材を始めてしばらくたった頃でした。クルーネックのネイビーのカシミアセーターの下に、キリッと白いリネンシャツを着る。袖口はロールアップし、ちらっと白シャツを覗かせる。チノパンの足元は、パンプスで女性らしくまとめたり、メンズライクなレースアップシューズでキリッと引き締めて、変化をつける……。普通の服だからこそ、他のアイテムと組み合わせがしやすく、コーディネートすることで、どんどんおしゃれ度がアップしていきます。おしゃれとは、ディテールの足し算であり、その数式をどう組み立てるかこそが、その人らしさになるのだと知りました。

そんな「大人のおしゃれ」に、昨年もう一つ、新たなルールが加わりました。それが、

「いつも同じ服でいい」ということ。教えてくださったのは、エッセイストの光野桃《みつのもも》さんです。桃さんは著書『白いシャツは、白髪になるまで待って』（幻冬舎刊）で、「いつも違う服を着ていなくていい」と書いていらっしゃいます。世界で活躍しているデザイナーたちは、いつも同じ服を着ているそう。ジョルジオ・アルマーニも、ドリス・ヴァン・ノッテンも、トム・フォードも。「皮膚のように馴染んだ着こなしを確立しているということは、おしゃれの抱えるさまざまな『心配事』から解放され、やるべきことに集中するための、プロの身支度だ」と。

いつも同じ服でいい。そう考えるとフッと肩の荷が下りた気になります。自分が好きな服、落ち着く服は、自然と決まってくるもの。私だったら白、ネイビー、グレーの3色で、テーパードパンツにシンプルなセーター、または白シャツがいつものスタイル。今までなら、新たに買い物をするとき、「今持っているものとちょっと違うものを」「いつも同じに見えないように」と、無理をして新しいアイテムに手を出していました。でも、無理をして選んだものは自然と着なくなり、結局いつもの1枚をクロゼットから引っ張り出すのです。「これが私の定番」と決めて、同じ服を着続けることで、おしゃれのブレがなくなります。

でも、それは「おしゃれを諦める」こととは少し違うのです。他人には同じように見えても、微妙に素材が違ったり、組み合わせるバランスが変化したり。今日はネイビーのカシミアの少したっぷりめのセーターに、同色の細めパンツでワントーンコーデにしようか、とか、太めの白いパンツに、淡いグレーのハイゲージのセーターを合わせようかなど、自分の力量の中での変化を楽しめる……。あえて幅を狭くすることで、無理がなくなり、逆におしゃれの精度が上がって、自信を持って出かけられるよう。

張り切るおしゃれをやめる。それは「誰かに勝とうとする」おしゃれをやめる、ということでした。あの人より素敵に見られたい……。そんな思いと決別し、自分が自分らしくいられるおしゃれをするということ。

おしゃれの効果は思っている以上に絶大です。朝、鏡の中にしっくり自分に馴染む服を着た私がいれば、「よし、大丈夫!」と出かけられます。そして、今日はエナメルの靴で出かけようかと、自分だけのさじ加減でちょっとした変化を楽しむことが、ワクワクと楽しくなるのです。

靴磨きをやめる

↓

「頑張って」やることは続かない。
「まあまあきれい」をキープできればよしとする

私の靴の90%は革のレースアップシューズです。黒、茶、ネイビー、シルバーなど、何足かの靴を、その日の服に合わせて選んで出かけます。本来なら、1週間に1度程度は磨かなければいけないのでしょうが、どうにも面倒くさくて、履く前に汚れていたらササッとブラシをかける程度です。ただし、踵《かかと》がすり減ったら早めに近所の専門店に持っていきます。以前は百貨店や駅ビルに入っている大手チェーン店に出していましたが、取材で靴の修理の仕方にも、色々な方法がある、と知ってから、少しでも丁寧な職人技で直してくれる方がいいと、近所にできた小さなお店にお願いするようになりました。

靴が大好きで、自分たちの店を持ったというご夫婦は、ソールの種類についてもとても詳しくて、新品の靴でもラバーソールを1枚貼っておくと手入れがしやすいこと、つま先も早めに手を打てば、傷みが少ないことなどを教えてくれました。いつも仕上がりを取りに行くと、手入れなどほとんどしない私の靴にクリームをきれいに塗っておいてくれ、「もう少し、大事にしてあげられるといいですね～」と笑顔で釘を刺されます。そのたびに、「そうなんですよね～」と返事をしながら反省をします。彼が磨いてくれた靴は、見違えるほどにツヤツヤで、革というものは、適度な油分が必要なのだなあと毎回感心させられます。

でも……。持って帰るとそんなことはすぐに忘れ、また履いては靴箱に戻し、また違う靴を出して履いていく……というローテーションが始まります。毎日出かけるたびに「あ～あ、磨かなくちゃなあ～」と思いながら靴を履く。そんな後ろ向きの気持ちが嫌で、「よし、私は靴は磨かないぞ！」と決めてしまいました。

合計8足ぐらいの靴をできるだけ順番に履くようにすれば、1足の出番はそんなに多くありません。だったら、季節の変わり目にまとめてしっかり磨けばいい、と割り切ったというわけです。もちろん、トークイベントに登壇したり、大切な誰かと食事に行く前の日には靴を磨くときもあります。でも「デイリーに靴を磨く」という習慣は、私には無理、と諦めました。

暮らしの中には、さまざまな「お手入れ」があります。服なら、真っ白なシャツはすぐに洗わないと黄ばみや、首の黒ずみの原因になります。逆にカシミアのセーターなどは、あまり洗わない方がいい、とも聞きます。我が家は古い一軒家なので虫が多いらしく、なぜか高価なカシミアから先に食われてしまいます。そこで、一度着たものはクロゼットにしまわず、部屋に置いたハンガーラックにかけておくことにしました。2〜3回着てからネットに入れて洗濯機で洗います。これも、本来なら手洗いした方がいいのでしょうが、そうなると気が重くなるので、「洗濯機でいいや」と割り切りました。

シルバーのアクセサリーはすぐに黒ずんできます。ある夏の日、帰って鏡を見たら白いシャツの襟に黒いシミがついて……。なんだ、なんだ？と思ったら、ネックレスの黒ずみが汗でシャツに移ってしまったのでした。これはいかん、とすぐにシルバー磨きで磨きました。ただし、いつも磨くのは面倒なので、ジッパー付きのミニサイズのビニール袋にネックレスを1つずつ入れておくことに。空気に触れないと黒ずみは断然少なくなるので安心です。

コーヒーカップや紅茶ポットには、すぐ茶渋がついて茶色く変色してきます。そんなときの強い味方が器作家のイイホシユミコさんに教えてもらった「スコッチ・ブライト」のスポンジです。黄色いセルロースと緑色の不織布が貼り合わせられているこのスポンジ。緑の面でこすれば、驚くほど簡単に茶渋が取れます。

やった方がいいけれど、忙しかったり、面倒くさかったりで、結局「見なかったことにしよう」と、放りっぱなし。そんなことを何度か繰り返してわかってきたのは「頑張ってやる」ことは続かないということ。頑張って週1回靴を磨こうと決意しても、張り切って磨くのは1回だけで、2回目からが続きません。

それよりも、「だったら何ができる?」と考えた方が、ずっと気がラク。「最低限できること」を続けていれば、結果的には放りっぱなしよりずっときれいな状態をキープできます。「だったら」の先にあることは、ワンシーズンに1回しか靴を磨かないことだったり、洗濯機でカシミアのセーターを洗うことだったりと、決して「正しい方法」ではありません。でも、私にとってそれが「まあまあきれい」をキープできる最善の方法であればそれでいい。大事なのは長続きすること。その方が、ずっとさっぱり、気持ちよく、清潔に暮らしていくことができると思います。

服を探すのをやめる

↓

服も、幸せも
「探して」ではなく
「出会って」手に入れるもの

季節の変わり目になると、新しい服が欲しくなります。雑誌で見たり、おしゃれな人に出会ったりすると、「あんなシャツが欲しいな」「あんなパンツがかっこいいな」と、買い物に出かけていました。でも、思い通りのものはなかなか見つかりません。なのに、買い物エンジンはかかったままで、何かを買わないと気が済みません。結局考えてもいなかったものを買って帰り、「やっぱり違った」と後悔するのです。

小さなパーティーに呼ばれたり、トークイベントに登壇するとなると、直前に「あれ！　着ていく服がない！」と慌て始めます。「あの服はもう何度も着ていったし、新しいワンピースでも買おうかな」とあちこちのショップを見て回りますが、これまた、なかなか気に入るものと出会うことができません。「ま、これでいいか」と買うと、結局そのとき1回きりしか着ないことに。こんな失敗を何度か繰り返し、わかってきたことがあります。それは、服は「探して」ではなく、「出会って」買うものだということ。

例えば、この春は「シンプルなデザインはもう持っているから、もう少しギャザーが多めで軽やかな素材で、女らしいワンピースが欲しいな」と思っていました。でも、見つけることができないまま、トークイベントの日程が近づいてきました。以前なら無理やり新しい服を買っていたけれど、ここでぐっと我慢。「見つからなかったら、以前とおんなじでいい。いつも違った服じゃなくていい！」と考えました。

すると、そのトークイベントで訪れた、愛媛県大洲市の服の店「Sa-Rah（サラ）」で、淡いペールグレーのカシュクールワンピースに出会いました。もともとカシュクールは苦手だったのですが、着てみるといい感じなのです！「これだ！」と即決して購入。その1週間後、島根県のセレクトショップ「Daja（ダジャ）」で、今度はカディコットンの軽やかな黒のワンピースに出会いました。試着してみると、薄手の素材は優しげで、初夏まで着回せそう。先週買ったばかりだけれど、こちらも「これだ！」と思ったので、迷わず買いました。

出会って買ったものは、「そうそう、私が探していたのはこれだったのよ！」と納得してから手に入れるので、失敗する、ということがほとんどありません。その代わり、「出会うまでは、絶対買わない」というルールを守ることが大前提になります。さらに、「出会い」をものにするためには、「次にこんなものが欲しいな」と頭の中にリストを作っておくことも必要です。

「Ｄａｊａ」の店主、板倉直子さんは衣替えのシーズンに、「今年足りなかったものは何かな？」と見直して、来年欲しいものを心にメモしておくそうです。1年が巡ったとき、「去年どんな服を着ていたっけ？」とすっかり思い出せなくなっているもの。だから、シーズンが終わったときに、次の買い物を決めてしまうというわけ。早速私も真似をして、来シーズンに欲しいものをメモするようになりました。

素敵な服に出会うことと、人生の転機を迎えることとは、なんだか似ているなあと思います。これから先、私はどうなっていくのか？と考えても、なかなかその答えは出ません。これまで歩いてきた道も、まさに行き当たりばったり。大きな決断をして、自分の意思で人生の舵をぐいと切る……なんていう勇気は持てませんでした。「なんだか、違うんだよなあ」「もうちょっとこうだといいのになあ」と、悶々《もんもん》と悩み、理想を描き、それでも現実からはなかなか抜け出せなくて……。でも、「こうだったらいいなあ」とずっと思い続けていると、自然に道がカーブを描き始め、少しずつ「そっち」へ近づいていけたように思います。

ＯＬ時代から、「自分の好きなことを仕事にしたいな」と鬱々《うつうつ》と考え、やがてフリーライターとして独立し、「自分が面白いな、と思えることをテーマに記事を書きたいな」と考えて……。振り返ってみれば、少しずつ「やりたいこと」が形になってきました。でも、「よし！」と決心してやり始めたことなんて、一つもありません。ただ、「こっち」じゃなくて「あっちが楽しそうだぞ」と鼻をクンクンさせたり、「私がやりたいのは、こういうことかも」という漠然と感じてきただけ。正解はわからなくても、「悶々とした思い」を持ち続けていれば、いつか「出会い」がやってくる……。今、振り返ってみるとそう思います。そして、確実に言えるのは、自分の人生をワクワクした方へと導いてくれるのは、「決意」ではなく「出会い」だということ。幸せは、自分の力でもぎ取るものではなく、ひたすら機が熟すのを待って、ぽとりと落ちる実を拾うことなのかなあと思います。

にお腹回りにもたつかないように、さらりとした麻のシャツを合わせます。ウエストをマークするようにベルトも欠かせません。

　こうして始まった「イン作戦」! トライしてみて感じたのは、おしゃれは「慣れ」だということ。最初はどうにも恥ずかしかったこのスタイルも、街中のガラス窓に映る自分の姿を見て「よしっ」と安心しながら、だんだん平気になっていきました。今では、逆にウエスト回りがスッキリ見えるような気がして、インして出かけることの方が多いかもしれません。細身のパンツのときはちょっと長めのシャツを出して。太めのパンツのときにはスタンダードシャツをインして、とスタイルによって着方を変えます。

　本や雑誌を作るとき、なるべく「初めて」のことをやるようにしています。「こうしたらどうなる」という経験値が自分の中にないので、結果が見えず、不安になります。どう進めればいいのか、そのプロセスから探さないといけないので、手間も時間もかかるし、ストレスにもなります。でも一歩一歩、足を置く場所を探しながら作った本の方が、思ってもいないものが発見できて、断然面白い内容になることを学びました。「初めて」は、自分の中からまだ見ぬ力を引っ張り出してくれる、大いなる方法なのかもしれません。だとすれば、これを逆に利用して、自分を「初めて」の環境に置いてみると、思いもしなかった新たな自分を見つけられるかも。昨日と違った道を通って駅まで行く、というごくささやかなことでさえ新しい発見があります。ともすれば、ラクで失敗しない「やったことがあること」を選びがちですが、大変なのは最初の一歩だけ。その先に、ワクワクする道が続いているとするなら、どんどん「初めて」という扉を開けてみたいと思います。

洋服をインして着る

少し前から、街中でシャツをパンツにインして着る、というスタイルを見かけるようになってきました。でも、それは若者のお話。私には関係ないわ！と思っていたら……。島根県のセレクトショップ「Daja」の板倉直子さんに「私たち世代の人も、インして着た方がスッキリ見えますよ」と教えてもらいました。

私は胃下垂なので、食後に下腹がポコンと出てしまいます。それがコンプレックスで、シャツやカットソーでお腹を隠す着方をしてきました。それをインするなんて、相当の勇気が必要。

そこで、まずはお腹が目立たないボトムスを選ぶことから取りかかりました。ウエスト回りにタックのあるワイドパンツや、ギャザーたっぷりのスカートなど。そして、インしたとき

食べること

おかずを1品作るのをやめる

↓

数を減らせばクオリティーが上がる。一旦その場を離れれば、新しいアプローチが見つかる

「あ〜あ、今日、夕飯作るの、面倒くさいなあ」と思うのに、私は、食卓の上にはあれこれおかずが並んでいないとなんだか寂しいと思うタイプ。夫が晩酌をすることもあり、ご飯は炊かずに、毎日3〜4品のおかずを作っていました。肉か魚のメイン料理に、煮物、サラダ、そして胡麻豆腐やもずく酢など、作らなくてもいい箸休めの1品……といった具合です。でも、やっぱり手間や時間がかかるもの。

ある編集者が「うちはご飯と味噌汁に、おかず2品ですよ。時には1品ってことも」と教えてくれました。「へ〜、それで物足りなくない？」と聞くと、「ぜ〜んぜん！」とおっしゃる。そこで、半信半疑で私もおかずを1品少なくしてみることにしました。焼き魚と肉ジャガと買ってきたまんまのもずく酢だけ。

仕事からの帰り道、今日の夕飯作りの段取りを考えます。まずは煮物を作っておいて

から、魚を焼き始めて……。1品少なくしてみると、なんて心が軽くなることでしょう！　あれ？　肉ジャガ作るだけで終わりじゃない！　後は魚を焼くだけだ！といった具合です。さらに、1品少ないと、時間に追われることもなく、イライラしないので、肉ジャガを作る手が自ずと丁寧になります。魚にも、いつもより丁寧に塩を振り、いつもならすぐに焼き始めるのに、少し時間をおいてから、ペーパーナプキンで水気をきちんと取って焼きました。すると、適度な焦げがパリッと美味しい！「そっか、品数が少なくても、一品一品が、とびっきり美味しければ、なんら物足りない感はないんだ！」と知りました。

20代の頃、収納のセミナーで、片付け＝時間×場所という方程式を教えてもらったことがあります。収納スペースがない人は、時間をかければ片付く。時間がない人は、収納スペースがたくさんあれば片付く、ということ。時間も場所もないと、永遠に片付かないということでもあります。このいたって単純な仕組みに、なるほど〜！と膝を打った覚えがあります。同時に、何かが圧倒的に足りなかったら、足りないものを増やそうとするのではなく、全く別の解決法で「補う」というテクがアリなんだ、と知りました。

私たちは、何かうまくいかないことに出会うと、「どうしてできないんだろう?」「どうしたらできるだろう?」と悶々《もんもん》とします。でも、例えば「どうしてこのワイドパンツが似合わないんだろう?」と考えるとき、「背が低いから」と悩んでも、何の解決にもなりません。「あ〜あ、もう5㎝、背が高く生まれたらなあ」と悔やんでも、人は努力で身長を伸ばすことはできません。だったら、トップスとの組み合わせ方で穿《は》きこなす方法を考えたり、同じワイドパンツでも、自分に似合う幅を探す方が、ずっと建設的。

何か困ったことにぶつかったとき、正面突破しようとしないで、一旦その場を離れてみるのは、なかなか有効なことだと思います。私は、猪突猛進型の性格なので、この「一旦離れる」ということがとても苦手です。一刻でも早く、この壁を突破したい、と思い込み、頭をガンガンぶつけてタンコブを作るタイプ……。あまりに頭をぶつけすぎて、最近やっと違う抜け道を探してみようか、という気になりました。

例えば、私は今、早朝から原稿を書きます。以前は夜型でしたが、年を重ねるにつれて夜すぐ眠くなり、原稿が書けなくなったので、朝型に変えました。夜、2〜3時間書けても、満足のいく文章にならなかった原稿が、朝、起きたての頭で向き合うと、サクサクと筆が進んで、30分ほどで出来上がり！なんてことがしょっちゅう。いい原稿を書くには、スキルではなく、「自分の心と頭と体が一番クリアな時間」という「環境」を整えるのが一番の近道だということがわかりました。

夫が胸の内《うち》で何を考えているのかわからないときは、外食に出かけて、居酒屋のカウンターなどで横並びに座って、小鉢をつつきながら話すと、意外に本音を聞けたりします。仕事仲間とギクシャクしていたとき、一緒にボウリングに行って、キャーキャー楽しんだら、すっかりわだかまりが解けていた……なんてこともありましたっけ。一旦その場を離れて、新しいアプローチを探してみたら、ずっと頑なだった問題が、ほろほろと解けるように解決してびっくりします。そして、世の中にある「うまくいかないこと」は、実は案外うまくいっているのに、自分が「うまくいかない」と思い込んでいるだけなのかも？とさえ思えてきます。

夕飯のおかずを1品減らす。それは、機嫌よく、美味しく晩ご飯を食べるための、とてもいい方法でした。数を減らせば、「1つ」のクオリティーが上がる。この「おかずの法則」は、他の場面でも使えそうです。

じゃがいもを丸ごと茹でるのをやめる

↓

切ってから茹でると時間は半分に。ラクすればイライラも半分に

ポテトサラダやポテトコロッケ、マッシュポテトなど、私はじゃがいも料理が大好きです。茹でるときには丸ごとが基本。グラグラ煮立てると崩れてしまうので、弱火にしてコトコト。「アチチ」と言いながら皮を剝《む》いたら、塩をふって食べるだけでも美味しい！　でも……。茹で上がるまで30分以上はかかります。それが面倒で、なかなかじゃがいも料理を作る気になれませんでした。

そんなある日、時間がどうしてもなくて、じゃがいもの皮を剝いて4等分してから茹でてみました。ほんの5分ほどで茹で上がり、早い！とびっくり。しかも、よく水気を切れば、美味しいポテトサラダが出来上がりました。な〜んだ、丸ごとでなくても大丈夫じゃん！と嬉しくなりました。以来、マッシュポテトを作るときにも、コロッケを作るときにも、皮をむいてカットしてから茹でています。

本来は、「こっちの方が正解」とわかってはいるけれど、忙しい毎日の中では、常に「正解」だけを求めているわけにはいきません。若い頃は、「正解」以外に手を染めることが、なんだか後ろめたくて、自分で自分が許せませんでした。でも、「まあまあ正解」でもなんとかなると知り、「正解」を諦めることのラクチンさを一度味わうと病みつきになりました。

掃除の仕方も同じです。我が家にはリビングと玄関に大きな鏡があります。日々の掃除のルーティンとしては、ます水で濡らしてぎゅっと絞ったファイバークロスで部屋中の拭き掃除をし、さらに、乾いたファイバークロスに持ち替えて、鏡を掃除するという段取り。でも、この「持ち替え」が面倒くさい！　ついつい、「鏡はまた今度でいいか」とパスすることが多くなりました。そんなある日、うっすらとホコリをかぶった鏡を見て「こりゃいかん！」と、ちょうど近くにあったティッシュで拭いてみると、ピカピカにきれいになりました。「あれ？　ティッシュでもいいのかな？」と、新たな発見をした気分に。少々不経済だし、エコではないけれど、一番手軽なティッシュでチャチャッと拭くだけで、鏡はピカ〜ンときれいになることを知りました。

若い頃、「どうしたら幸せになれるのだろう?」とずっと考えていました。どんな条件が整えば、私は幸せになるのだろう?と……。20代の頃は、結婚したら幸せになれる、と思っていました。いい学校を出て、そこそこの会社に就職し、そこでいい人を見つけて結婚すれば、人生は「上がり」。そう思っていたのです。でも、結婚は「上がり」なんかではありませんでした。むしろ、親元から離れ、初めて自分の人生が始まった感じ……。私の場合は離婚をし、また振り出しに戻ってしまいましたが。

今度は「いい仕事をしたら幸せになれるだろう」と考えました。少しでも有名な雑誌に記事を書き、たくさんページを担当し、少しは名が知られるライターになる。でも、一体何冊ぐらいの雑誌に記事を書き、どれぐらいのページ数をこなしたら「幸せ」と言えるのか、いつまでたってもその答えは見えませんでした。

そして、だんだん「幸せとは条件が揃って『なる』ものではない」ということがわかってきました。仕事がうまくいかなくても、家でご飯を作って「美味しいね〜」と言いながらハフハフ大根の煮物を頬張れば幸せだし、両親が元気でいてくれるだけでも幸せ。週末に太陽の光の下で干したふかふかの布団で眠れば「は〜、シアワセ!」と思うし、自分が出した本や雑誌を読んでくださって「元気になりました」と声をかけてくださればすごく幸せ。なんだ、幸せってあっちこっちに落ちてるじゃない！と思うようになったというわけです。

私たちはつい、どこに向かって走りだしたらいいのか、その目標を求めがちです。だから、正解を知りたいし、「幸せ」を定義したい。でも、果たして目的にたどり着くだけがいいことなのだろうか？と考えるようになりました。「あそこがゴール」と無理やり決めて、たどり着いたら、心満たされるのか？と考えると、どうやらそうでもないよう。きっと「そこ」へ着いたら、まだ先を見て走りだしたくなるはずだから。

いつまでたっても、どこへもたどり着けないと知ると疲れてしまいます。だったらもう、「どこか」を決めるのをやめてしまえばいい、と思うようになりました。それよりも、走っている最中に、寄り道して誰かとおしゃべりしたり、ひと休みして美味しいものを食べる方がずっと楽しそう。じゃがいもを丸ごと茹でるのをやめたら、お茶を1杯飲む時間が持てました。「正解」のすぐ横には、もっと素敵な「おまけ」が落ちている……。それを拾って歩きたいなあと思うこの頃です。

新しい調味料を買うのをやめる

↓

自分の「経験」というリストの中から「できること」を探してみる

毎年、年末にキッチンの大掃除をするたびに、大量のスパイスの小瓶を処分してきました。どれも1～2回しか使っていないのに賞味期限切れ。カイエンペッパーだったり、クローブだったり……。初めての料理に挑戦する際、料理本のレシピを見て必要だからと買ってきたものです。作ったことがない料理を作ってみるのはワクワクするけれど、頭を悩ますのが調味料。普段は滅多に使わないあれこれをイチから揃えなくてはいけません。でも、そうやってトライした新作の中で、リピートして作るのはほんのわずか。結局私は「作ってみる」というプロセスが楽しいだけなんだ、ということがわかってきました。

あれこれ、スパイスを準備して作ってみても「お～、これは美味しい！」となる確率は低いのです。しかも、夫はハーブの香りがイマイチ好きではない……。結局はいつも食べ慣れた我が家の定番おかずの方がいい、という結論に達します。

そこで、新しいスパイスを買うことをやめました。あれこれ調味料を揃えなくてはいけないレシピは、よっぽどでないと作らないと決め、「これなら、家にあるもので作れそう」と思うものだけトライします。どうしても作ってみたい、というときに必要なスパイスは、多少割高になっても「カルディコーヒーファーム」で見つけた、３ｇという少量の小袋を利用します。こうして、我が家のスパイスの瓶はぐっと少なくなりました。定番で常備しているのは、ガラムマサラとクミンシード、花椒《ホアジャオ》ぐらい。一番よく使うのは、豆板醬、甜麵醬《テンメンジャン》、オイスターソースなどの中華系の調味料です。

若い頃から、無駄な買い物を本当にたくさんしてきたなあと思います。便利そうな調理道具やかわいい保存瓶、評判のオリーブオイルやビネガー、文房具屋さんで一目惚れしたノートやファイル……。そんな中で「買う」という行為は、本当にそれが必要というより、「これを手に入れたら私の生活がちょっと変わるかも」という「妄想」に左右されるんだなあ、とわかってきました。もちろん、一つのモノとの出会いで、新たな扉が開いて、暮らしがガラリと変わるという体験は、本当にワクワクするもので、買い物の楽しさはそこにあると思います。

買っても結局使わない。そんな体験を生かして見えてきたのは、私たちの買い物は多分に「気分」に左右されるということ。「新しいものを買う」という行為によって、自分の心が「刺激されること」を求めているだけ……。だったら、「刺激」と「もの」を切り離してみれば、不要なものを買わなくてもいいんじゃないか、と考えました。

例えば、文房具屋さんでかっこいいノートを見つけ、「これを『ＴｏＤｏＬｉｓｔ』専用にすれば、きちんとスケジュールを立てて1日を過ごせるんじゃないか」と思いついたとします。ここでちょっと深呼吸。「ノートを買う」ことと「スケジュールを立てて一日を過ごす」ことを切り離します。「スケジュールを立てるなら、今ある手帳にボールペンの色を変えて書き込めばいいんじゃないか」と、手持ちのものの中でできる方法を考えてみます。すると、ノートは買わなくても、「ノート」によって導かれた新しい習慣を手にすることができるというわけ。

こうして、お店で「何か」と出会ったら、それを手にとりながら、頭の中を高速回転。自分の持ち物を思い出し、「これ」の代わりになるものを探す、というクセがつきました。

ものをたくさん買って、使ってみて、自分の体を通して世界を知るという時期がありま す。逆にいらないものを手放して、自分が本当に必要なものだけで暮らしたくなる時期がやってきます。その境界線は、私の場合は50歳前後だった気がします。インプットする時期から、自分の中にあるものを「使って」楽しむ時期へ。それが意識せずとも自然にやってくる「人生の折り返し地点」というものだったのかなあと感じています。

ものを減らしたくなるのは、ラクして暮らすため。ものが多ければ多いほど、整理整頓にも管理にも時間と手間がかかります。そこにかける労力をできるだけ減らして、「ものの」の代わりに自分の内側に蓄積した「経験」というリストのページをめくり、「できること」を探してみたいなあと思います。

この方法はきっと、若い人にも有効なはず。「買う」だけでは、自分は変わりません。「かといって」だけで新たなものとの出会いをシャットアウトしてしまったら、暮らしの風通しが悪くなります。人生を楽しむには「買う」と「使う」のバランスが大事。そのジャッジを「点」ではなく、長く続く「線」でとらえてみる……。そうすれば、自分の人生に必要なスパイスが見えてくる気がします。

糖質を軽くやめる

↓

食べ物で、自分のパワーを無駄なく使うシステムを作る

私は、パンが大好きです。トーストをカリッと焼いてバターをてんこ盛りにのせて半分食べたら、残りには、自分で作った文旦《ぶんたん》ジャムを塗って食べれば至福の時。どこのパンを食べるかも大問題で、あちこちのものを買いに行ったり、取り寄せたり。5年ほど前に、横浜の「ON THE DISH」に出会ってからは、しみじみと滋味深い味に魅せられて、2週間に1度取り寄せるようになりました。

でも……。そんな大好きなパンを食べるのをやめた……。それは、取材でフードコーディネーターの江口恵子さんに「朝はフルーツがいいんだよ」と教えてもらったのがきっかけでした。午前中は「排出」の時間と考えて果物だけに。排出する↓食べる↓吸収するというサイクルを体の中にきちんと作ることで、便秘が解消され、体調が整うのだとか。「1週間だけやってみるか」と、トーストを食べるのをぐっと我慢して、りんご、

みかん、バナナと、果物をたっぷりお皿に盛り付けて食べてみることにしました。
すると、思わぬ効果がありました。便秘が解消されたのはもちろんですが、糖質を取らないことで、午前中の仕事のパフォーマンスがぐんとアップ！　それまで、トーストにミルクティー、自分で煮たコンポートにヨーグルトという朝食を取ると、食後に「さあ、原稿を！」とパソコンに向かっても、お腹がいっぱいで眠くなるなんてことに……。果物だけにすることで、そんな眠気が一切なくなりました。

当初はほんの1週間だけ試してみるつもりだったのですが、こんなに違いが出るなら……と、泣く泣く朝食を諦めることに。その代わり、取材に出かけず自宅で仕事をする日には、お昼に朝食のようなトーストセットを食べることにしました。私が、炭水化物を取るのは、このお昼だけです。

今の夫と一緒に暮らし始めたのは、この家に引っ越してから。私が40歳になったときのことでした。それまでも、近所に住み、彼はよくご飯を食べに来てはいましたが、一緒に暮らすとなると、ほぼ毎日一緒に夕飯を食べることになります。一人なら、パスタにしたり、ご飯の横におかずをのっけてワンプレートで食べたり。でも、二人になると、それなりの数品を作って食卓に並べるようになりました。さらに彼は酒飲みなので、おかずをつつきながら、ビールや日本酒、ワインなどをちびちび飲みます。かつては、飲み終わってからご飯と味噌汁を用意していましたが、太ってしまうので、締めはなし！と割り切ることに。以来、我が家ではご飯を炊くことがほとんどなくなりました。

外食のスタイルもすっかり変わりました。ご飯やパン、麺類でお腹をいっぱいにすると、なんだか気持ちが悪くて、できれば野菜を中心に、少しの肉や魚をバランスよく、と考えます。今は、ちまちまおかずが並ぶカウンター居酒屋や、野菜たっぷりのメニューがある食堂が行きつけになりました。

でも、時々無性に白いご飯が食べたくなります。そういう日には、朝食みたいな夕食を作ります。土鍋でご飯を炊き、塩鮭を焼いて、漬物を用意し、あさりの味噌汁を。夫は「旅館の朝ご飯みたいじゃ」と喜んで、もりもり食べます。

こんな経験を経て、人の体は食べ物でできているんだなあと実感するようになりました。何を食べるかで、体調も、心の落ち着きも、頭の回転も変わってくる……。でも、何を食べたら、自分の体がどう変わるのかは、やってみないとわかりません。だから、少しずつ「何か」をいつものメニューに加えてみたり、「何か」を食べるのをやめてみたり。そして、やってみたら体の声に耳を澄ませます。そんな「実験」のきっかけとなるのが「これ、体にいいらしい」という情報です。自分一人だけでは、今までの食生活を変えてみよう、なんて思いつきませんから。信頼のおける人が「これいいよ」と教えてくれたなら、私はなるべく素直に〝真似しんぼ〟してみたいと思っています。そして、合わなかったり、続けられなかったら、あっさりやめてしまいます。自分の体がピピッと反応したものだけを続ければいい……。

クリアな心で過ごしたい。仕事の能率を上げたい。さっさと家事をこなせる人になりたい。自分を変えようとしても、なかなかうまくいかないものです。「よし、今日から頑張ろう！」と決心しては挫折して。そんな失敗を繰り返し、私は自分の「努力」というものを信頼しなくなりました。それよりも、周りの環境を整えて、自然に自分のパワーを無駄なく使い切るシステムを作ればいい。食べ物は、そんな環境を作る大切な要素です。トーストをりんごとみかんとバナナに替える。たったそれだけで、「できること」がグンと増えるのですから！

小分け冷凍をやめる
↓
不要な「備え」をやめて、ダイレクトに「目的」にアクセスする

我が家で一番よく使う肉は、ひき肉です。ピーマンの肉詰め、キムチハンバーグ、新玉ねぎのそぼろあんかけ、麻婆豆腐《マーボー》……。和洋中、どんな料理にも使え、安くてボリューミー。2日か3日に一度はスーパーのカゴにひき肉を入れている気がします。こんなにたくさん使うのだから、と一時期大量購入して、小分け冷凍していたことがあります。100gずつぐらいに分けてラップに包み冷凍庫へ。

でも……。私の場合、大抵仕事を終えて大急ぎで買い物をして帰宅、すぐにご飯作りに取りかかります。スーパーで買い物中に、「ひき肉、まだ冷凍庫にあったよな〜。でも、解凍するのは面倒だよなあ。じゃあ、今日だけ小さなパックを買って帰ろう」なんていうことがしょっちゅう。結局「今日もまた……」と買って帰り、冷凍庫のひき肉はなかなか減らずに古くなっていきます。そんなことを繰り返し、「やっぱり小分け冷凍はやめ

よう！」と思ったのでした。

買い物に行かないなら、きっと冷凍は役に立ったのだと思います。でも、便利な東京では、駅ビルにはスーパーが入っているし、多少帰りが遅くなっても、11時近くまで開いているし、思い立ったらいつでも立ち寄ることができます。「便利かな」「早いかな？」と思って始めた冷凍が、実は買った方がずっと便利で早いということに、後から気がつきました。「備える」工夫は、「使う」工夫がないと生きてきません。「備えて」↓「使う」というプロセスがスムーズなラインで結ばれたときに初めて、ラクして、早く目的を達することができます。でも、私たちの生活では「備えるための備え」のように、得てして「目的」を見失って、「備える」だけでもう目的を達してしまったかのような錯覚に陥ってしまうことがあります。

引き出しの中をこまごま仕切って片付けることもそう。美しく並べることだけに一生懸命で「使う」ことを考えないと、すぐにリバウンドしてしまいます。勉強もそう。ノートを一生懸命取ることだけに夢中になると、その中で一体何を覚えればいいのかわからなくなります。

家事は自分や家族が心地よく暮らすためで、仕事は、自分の力を生かして、誰かの役に立ち、対価を得るため。なのについ、私たちはなぜかイライラしながら掃除をし、「どうしてこんなことしなくちゃいけないんだろう?」とブツブツ言いながら仕事をしています。それは、きっとどこかで「備える」ことが「目的化」し、本当に大切な「目的」が遠く霞《かす》んで見えなくなっているからなのかも。

ずっと備えてばかりいると、前に進むことができません。「それからどうする?」とその先を見通したとき、初めて人はその「備え」を使うことができるようになるよう。でも、果たして今、自分が何かの準備をしているのか、自分の足元は、なかなか見えないものです。そんな自分の立ち位置を確認する唯一の方法が立ち止まってみること。足を止めれば、自分がどこにいるかがわかります。立ち止まったら、その「備え」が本当に必要なのかどうか確認してみます。もしかしたら、それは私にとっての「ひき肉」のように、目的とは逸れた「備え」になっているかもしれません。

そして思い切って、一つ「備え」をやめてみる。今まであまりにも当たり前だと思ってルーティン化してきたことの中に、実は必要なかった!ということを見つけたら儲けもの！　さっさとやめれば、その時間を他に使うことができます。

ずっと、朝起きたら半身浴をするのを日課としていました。それは、早起きが苦手でお風呂に入らないと目が覚めない、と思い込んでいたから。でも、あるとき風邪をひいたのをきっかけに朝風呂を1週間ほどやめました。でも、ちゃんと6時には目が覚めるのです。かつては夜型だったのに、私はここ数年ですっかり朝型へとシフトし、ちゃんと目覚めるようになった、という事実を知らずにきたのでした。それからというもの、朝早く取材に出かける日などは、朝風呂をパスすることにしました。朝の30分は貴重です。今まで何がなんでも入らないと、と思い込んでいたけれど、ここで時間を短縮できたことで、心に余裕を持って出かけられるようになりました。

きっと人はずっと「備えて」いる方が気持ちがラクなのだと思います。ひき肉を冷凍しておく方が「もしも」のときに安心……。不要な「備え」を1つ、2つ手放すことは、自分が寄りかかっていたつっかえ棒を外すということ。するとより自由に身軽になって、ダイレクトに「目的」にアクセスできるようになる。そうすれば、やりたいことが叶《かな》う時間がもっと早くなる気がするのです。

野菜の宅配をやめる

↓

「これじゃなきゃ」と
他のものを切り捨てるより
「こっちでもいい」と思える頭に

10年間ぐらい「大地を守る会」の宅配を利用していました。届けてもらう牛乳は濃くて最高に美味しかったたし、泥付きの野菜が届くたびに、何を作ろうかとワクワクして……。豚バラ肉もピンク色で美しく、重たい調味料を届けてもらえるのもありがたかった。どこで、どんな農家さんがどんなものを作っていらっしゃるのかを知ることもでき、何より旬の美味しさがダイレクトに届くので、都会で暮らしながら、畑とつながっている感じが嬉しかったのです。

でも……。仕事の合間にネットでチェックし、気ままに注文していると結構な金額になっていることに気づきました。忙しいと注文するのを忘れたり、急な出張が入って、夫も留守だと玄関前に箱が積み重ねられたまま1～2日が経ってしまったり。注文した日と受け取る日の間にタイムラグがあることが、うまく暮らしの中に取り込めない理由の一つになっていました。

そうこうしているうちに、自宅から自転車で10分ほどの場所に自然食品のお店があることを知りました。品揃えも豊富で、有機だったり無農薬、減農薬の野菜が驚くほどリーズナブル！　ここならその日使いたいものをその日に持って帰ることができます。油や醬油、みりん、酒といった重たい調味料も、自転車のカゴにのせて持って帰るようになりました。いつも行くことはできないけれど、1週間に1～2回なら通えそう。そこで、思い切って宅配をやめることにしました。何より楽になったのは、「あ、明日火曜日だから、注文しなくちゃ」と、締め切りを気にしなくてよくなったこと。届いたものを小分けにして冷蔵庫にしまう手間がなくなったこと。

取材先で教えてもらい、食べ物に対する意識が少しずつ変わり始めたのは、30代後半のことです。無農薬の野菜は皮まで食べられるということ。蒸しただけ、焼いただけでも味が濃くて、料理の方法がぐんとシンプルになるということ。調味料をいいものに替えると、料理の腕が上がったかのように、いつものおかずがぐんと美味しくなるということ。生活の中で、一番軸となる「食」への意識を変えたことは、全く新しい日々が始まるようでワクワクしたものです。

でも、都心でいい素材を手に入れることは、思っている以上にお金がかかります。ある料理家さんが、地方では自分の畑で作ったり、周りの農家さんから分けてもらえる旬の野菜が、東京では驚くほどの値段で販売されていることを知り、「みんな、オーガニックセレブだねえ」とひと言。「その通り！」と思わず膝を打ちました。

知り合いの編集者は3人の子供のお母さんです。育ち盛りの子供たちのために毎日作るおかずの量はかなりのもの。「いい素材を使いたいけれど、毎日そんなのを買っていたら破産してしまう！」と、普通のスーパーの普通の野菜を買って帰ります。

かつて私も、「有機無農薬」にこだわったこともあったけれど、今はスーパーと自然食のお店とを組み合わせ、選ぶようになりました。旬になれば、野菜の値段は下がります。「今日は、ほうれん草の胡麻和えを作ろう」と思って買いに行って、まだ走りの時期で値段が高ければ、「じゃあ、キャベツの胡麻和えにしよう」と切り替えるといった感じ。

そして、必ずしも「有機無農薬」じゃなくてもいい、と思うようにもなりました。毎日同じスーパーで買い物をしていたら、こっちのほうれん草より、あっちのほうれん草が美味しい、とわかるようになります。ちゃんとその野菜を覚えておき、たくさん並んだ野菜の中から「これ」と選べるようになれればいい……。

「有機」だから「無農薬」だから、という「情報」も、生産背景もとても大事なものだとは思うけれど、買って帰った後に洗ったときの葉の張り具合や、皮を剝《む》いたときの香りを自分でちゃんと感じるようになりたい、と思うようになったのでした。私にとって一番大事なのは、毎日美味しく食べる、ということなのですから。

実家の母が使っている調味料は、いたって普通のものです。たぶん、私が買っている醬油やみりんや酒は、母の調味料の倍の値段だと思います。でも、実家に帰って母の作る料理を食べると、何より美味しい！　そこには母が50年以上もコツコツと続けてきたさじ加減や火加減があります。私はといえば、料理の腕では全くかなわないので、調味料に助けてもらうことにしています。

できれば、いつも「柔らか頭」でいたいなあと思います。「これじゃなきゃ」と一つにこだわって、他のものを切り捨てるより、「こっちでもいいかな」と自分の中の選択肢を増やしていくことが、暮らしの豊かさなんじゃないかなと思います。

かわいいカップ&ソーサーをやめる
↓
お茶を飲むためには適量がある。昔から続く「当たり前」を大切に

我が家でお客様がいらしたときに出すカップ&ソーサーは、北欧のちょっと大人っぽい柄物だったり、「ノリタケ」のN4シリーズだったり。どれも雑貨屋さんで見かけて衝動買いしたものでした。でも……。最近、その使い心地に違和感を感じるようになってきました。問題はサイズ感です。小さくて愛らしい形だけれど、ケーキと一緒に紅茶やコーヒーを飲むにはちょっと物足りない。もう少したっぷり入るものがいい。かといって、カフェオレボウルやマグカップほど大きくなくていい……。

こうして、私のカップ&ソーサー探しが始まりました。作家さんの個展では、カップ&ソーサーが出ていると必ず手に取って検討しました。でも、手作り感が強いものは、重たく感じて何かが違う。かといって海外の有名ブランドのものは味気ない……。ちょうどいいものが見つからず、長年ずっと買えずにいました。

一般的に紅茶は1杯150cc、コーヒーは120〜140ccが適量なのだそうです。正式なカップ&ソーサーは200cc程度で七分目ほど注ぐことが多いのだとか。長年の伝統にのっとった、きちんとしたサイズがやっぱり使いやすいのかも。そう考えるようになりました。そんなとき、たまたま「ロイヤルコペンハーゲン」の東京本店前を通りかかり、中に入ってみました。そこで出会ったのが、「ホワイトフルーテッド」というシリーズです。シンプルな白で、飾りもほとんどなし。紅茶でもコーヒーでも使える兼用サイズです。「よし、これだ！」と、とうとう腹を決めて、お客様がいらしたときのことや、自宅でワークショップを開くことも考えて、思い切って6脚を揃えました。

さっそくお客様にお出ししてみました。以前の柄物のカップだと、トレイに載せて運んできた途端に「わ〜、かわいい！」と声が上がりましたが、今回はみなさん無反応……。それもそのはず。ただ単なる白いシンプルな器なんですから……。

でも、私はとても満足でした。カップがシンプルなので、ポットは福田るいさん作の小石原焼だったり、花岡隆《ゆたか》さんの美しいフォルムのものだったりと、個性的なものを合わせることができます。以前は小さめだったので、何度もお茶をつぎ足していましたが、今回はちょうどいい適量で飲んでもらうことができます。

これに気を良くして、日本茶を飲む湯飲みも、小さめサイズをやめることにしました。代わりに、ずっと以前に古道具屋さんで買い、もったいなくてしまいっぱなしになっていた、真っ白な古伊万里の蓋付きの汲み出し茶碗を普段使いにすることに。こちらもたっぷり入る上、美しいお茶の色を目で楽しむこともできます。

気持ちよくお茶を飲む。たったそれだけのことに、真正面から向き合うことがやっとできるようになったかなあと思います。見た目がかわいいことよりも、気持ちよく飲み干せる量が入ったり、お茶の色や香りを味わえることが大事。「デザイン」よりも「機能」によって、心満たされることもある……。

本当に大切なことは、実はとても当たり前で、目立たないものなのかもしれないなあと思います。うちの夫がよく口にするのが「女は愛嬌や！」という言葉。彼曰く、どんな美人さんよりも、ニコッと笑ってくれる女の子の方が、ずっと魅力的なんだそう。確かに、朝、駅員さんがにっこりと笑ってくれると、今日一日がいい日になる気がするし、取材先でスタッフと待ち合わせをしたときに、「おはよう！」と笑顔を向けられることで、心が通い合う気がします。でも、寝不足で疲れがたまっている朝に微笑むことは難しいし、風邪で体調が悪い日は、眉間にシワが寄ってしまいます。誰かのために特別なことをしなくても、ただ笑顔でいるだけでいい。でもそれが難しく、だからこそ大きな力を秘めている……。

若い頃は、何か行動を起こしたら、その見返しがあって当然だと思っていました。お茶を入れたら「わあ、このカップかわいい！」と褒めてほしかったし、仕事で頑張れば評価してほしかった……。でも、「当たり前のこと」は、必ず評価を受けるものでもありません。誰も、何も言ってくれないけれど、世の中にはそれでも大切なことがある……。それに気づき、「それでも」と大切にできる人になりたいなと思うのです。

ちょうどいいサイズのカップでお茶を飲めば、「すごくかわいい！」と感動しなくても、ちょうどいい量のお茶を美味しく飲むことができます。きっとそんな「当たり前」を一つずつ味わっていけば、心の中に本物の豊かさを積み重ねることができるんじゃなかろうか。未だ見えていない「当たり前」を身の回りで見つけながら、指さし確認していきたいなと思います。

と頑なに思い込んできました。

　ところが……。ジャム鍋をいただいて、「ちょっと違うジャムも煮てみようか？」と思い立ちました。ちょうど真冬だったので、紅玉2個を刻み、全量の70％の量のグラニュー糖とレモン汁を加えた鍋を火にかけて15分ほどコトコト。たちまちツヤッツヤのりんごジャムが完成しました。ゴロゴロと形が残るぐらいで火を止めたので、トーストの上にのせて食べるとアップルパイのよう！少量だと、すぐできちゃうのがいいところ。今は色んな場所でおしゃれなジャムが販売されているけれど、絶対に自分で作るのが一番美味しいと思います。これに気をよくして次はいちごを、今度はイチジクをと、いろいろなジャムを作るようになりました。

　旬の果物を使いその都度作ると、季節の恵みを丸ごといただいているような気持ちになります。そして「ああ、私はなんて長年ソンをしてきたのだろう」と思ったのです。「どんな果物より、文旦ジャムが一番美味しい」と信じ、「文旦ジャム以外はいらない」と切り捨てることで、私は食通気取りだったのかもしれません。あれもこれも好きというよりも、間口を狭めて「これしか食べない」と言った方がかっこいい……。どこかにそんな気持ちが潜んでいた気がします。でも、そんなこだわりを手放してみたら、旬の果物の美味しさをあれこれ楽しむことができて、季節の変わり目が楽しみになりました。

　きっと私は若い頃、多くの中から「これ」と自分の目で選べる人になりたかったのだと思います。でも今は、目の前に美味しそうなものを見つけたら、素直に手を伸ばせる人になりたい、と思うようになりました。格好をつけるより、そのときを楽しめたらそれでいいと、小さなジャム鍋が教えてくれた気がします。

ジャムを煮る

　雑誌の撮影で使った「ジャム鍋」をいただきました。料理家の小堀紀代美さんが監修された、銅製の片手鍋です。この鍋は、ミルクパンほどの小さなサイズなのがポイント。りんご2個、いちご1パックで少量のジャムを作ることができます。夕飯の準備を終えて、夫の帰りを待つ間や、休みの日の昼食の洗い物を終えた後など、ちょっとの「半端時間」を利用すればたちまち2瓶ほどのジャムが完成します。

　実は私は文旦《ぶんたん》ジャムが大好きで、毎年春先に高知県から無農薬の文旦を取り寄せ、ひたすら皮を刻んで「ストウブ」のオーバル鍋で、1年分のジャムを煮ます。甘すぎず、爽やかな香りでさっぱり！　長年「もう私は文旦ジャム以外はいらない」

「もっともっと」をやめる

↓

「持っていない」ものを数えるより、
すでに持っているものを「使う」人生を

カメレオン体質をやめる

「お腹の中にあること」を声に出してみれば、
ありのままの自分になれる

糖質を軽くやめる

食べ物で、自分のパワーを
無駄なく使うシステムを作る

新しい調味料を買うのをやめる

↓

自分の「経験」というリストの中から「できること」を探してみる

明日でいいことは今日しない

今日に余力を残しておけば、
何かに気づく心を持てる

古道具を買うのをやめる

↓

「買った」後には、「管理」を暮らしに定着させることが大事

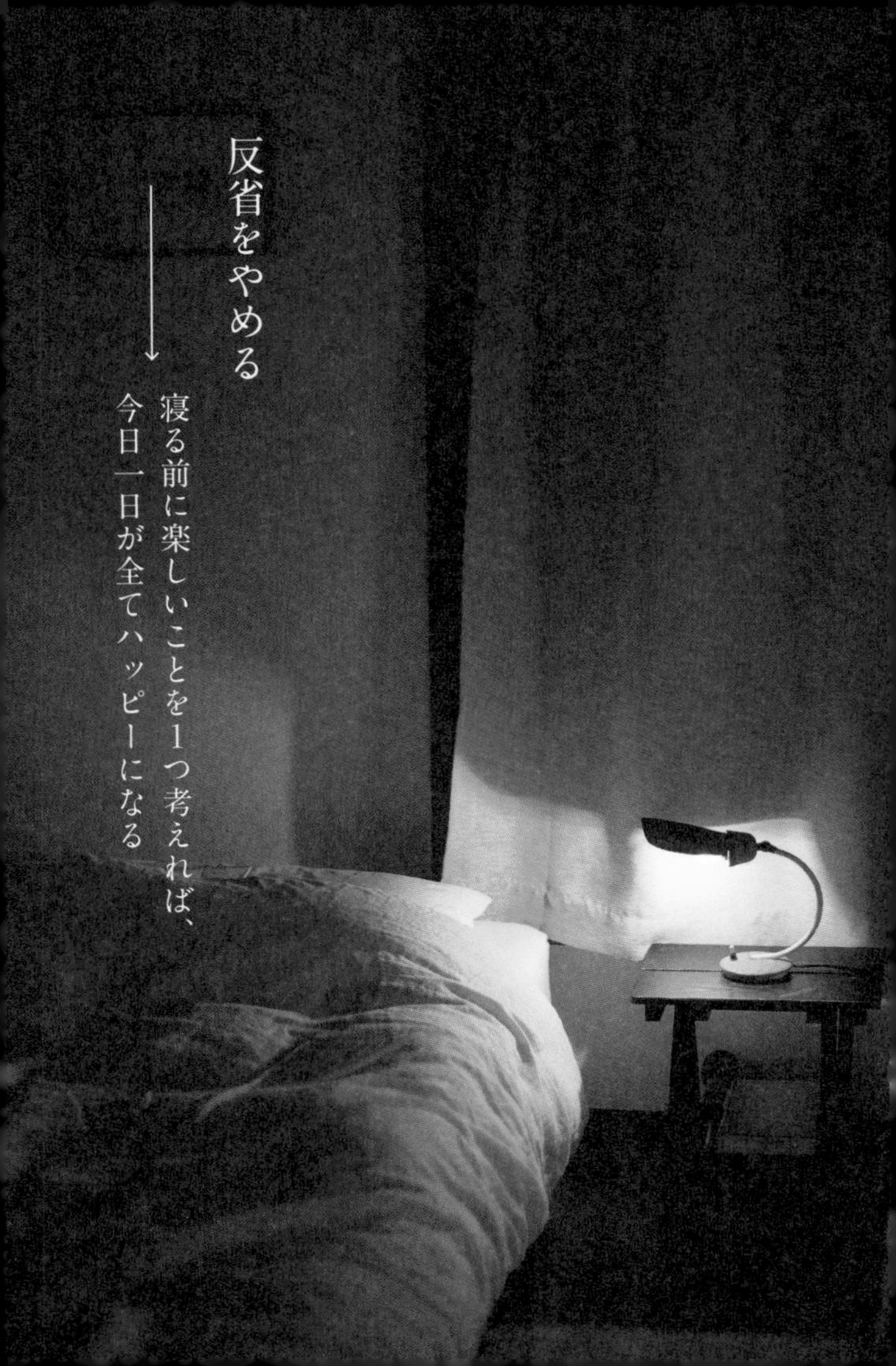

反省をやめる

寝る前に楽しいことを1つ考えれば、
今日一日が全てハッピーになる

日々の暮らしのこと

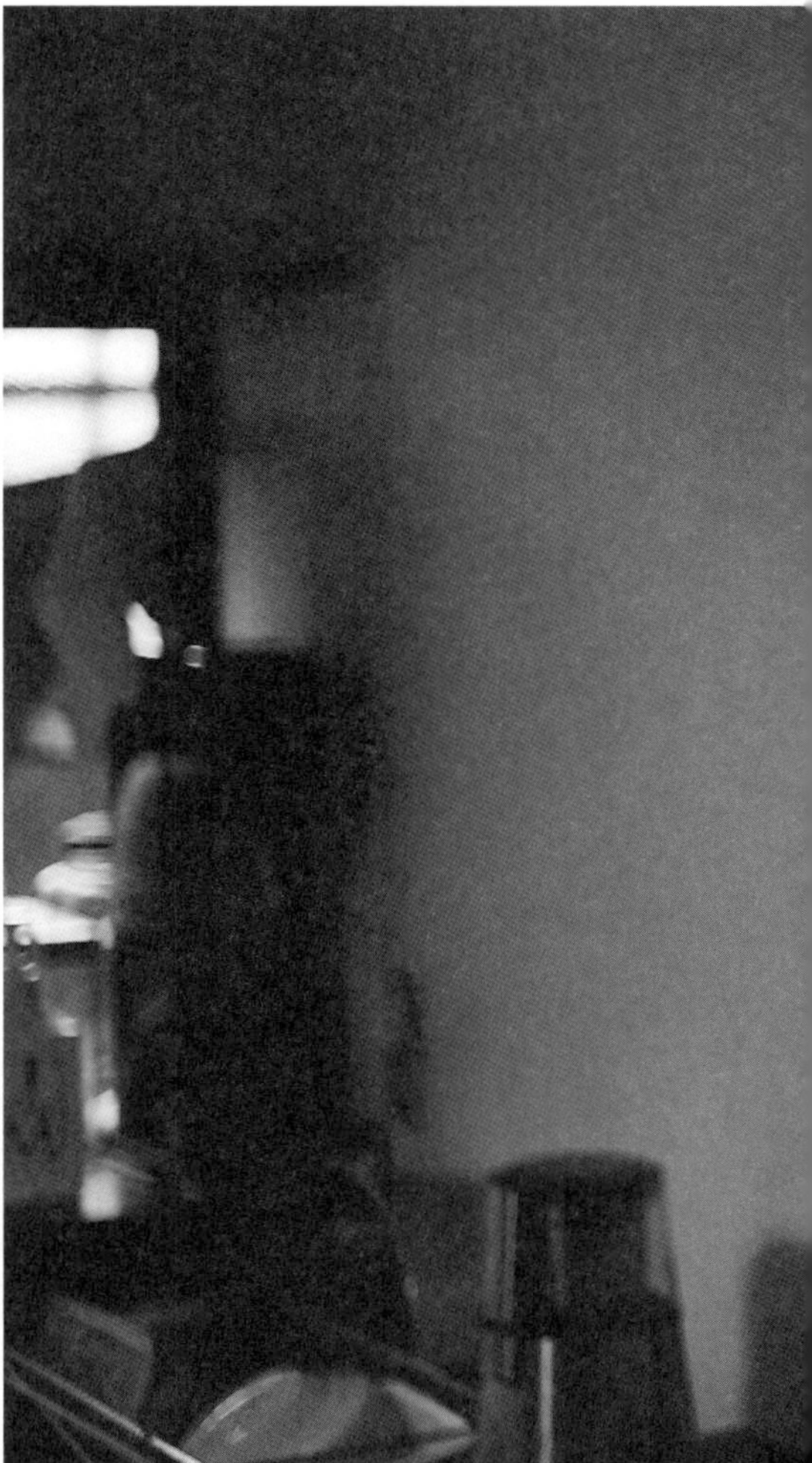

夜、仕事をするのをやめる
↓
寝る前に「何もしない」
余白の時間を作れば、
「もう一つ」の豊かさに気づく

若い時から、ずっと夜型人間でした。昼間は取材や打ち合わせに飛び回り、さらには友達と遊んだり、お茶を飲んだり、ショップ巡りに出かけたりと、「外」へ向かうことで時間が過ぎていきます。やっと自宅に帰り、ご飯を食べて、テレビをダラダラ見て、ようやく机の前に座るのは、ニュース番組も終わってしまった夜の11時ころ。外から入って来るものがなくなって、ようやく自分の内側に集中し、原稿を書いたり、企画の準備をしたり。はっと気づけば空がしらじらと明けてくる……なんてことはしょっちゅうでした。慌ててコーヒーを飲んで、次の取材へ飛び出して行く。あの頃は、若くて体力があったなあ。いつも寝不足でフラフラでした。でも……。よ〜く考えてみると、仕事量は今の半分ぐらいだったと思います。

40歳を過ぎた頃から、夜、ご飯を食べたら眠くなり、歯を食いしばってパソコンの前に座ってみても、さっぱり原稿が書けなくなりました。周囲を見渡すと「朝型生活」に切り替える人が増えていました。私も真似して朝型にしてみようかな……。そう考えて、何度か目覚まし時計をセットしましたが、ちっとも起きられません。ライフスタイルの切り替えができないまま、なんとか自分をだましだまし、締め切りに追いかけられながら仕事をこなしているうちに、あっという間に4~5年が経ってしまいました。

そんな宙ぶらりんな状態から、スイッチが切り替わったのは、朝、半身浴を始めたのがきっかけでした。朝、お湯にちゃぽんと入れば目がぱっちり！　体も頭も心もシャキーンと目覚めるようになったのでした。数年間、この習慣を続けたら、体にすっかりリズムが刻まれて、今では、朝風呂に入らなくても目がさめるようになりました。6時半ぐらいから9時半の3時間はまさに黄金の時間。朝の起きたての頭はピカピカにクリアで、原稿がさっさかはかどります。　朝は充実した時間が過ごせるようになったものの、問題は夜夕飯を食べ終わってから寝るまでの数時間です。我が家では、夫が洗い物をしてくれるので、その間テレビを見てダラダラしたり、時にはそのまま寝落ちでしまったり……。理想は、さっと立ち上がり、9時から11時ぐらいまでの2時間、原稿以外の雑務を片付けたり、メールチェックをしてしまえば、翌朝すぐに原稿に集中することができるのですが……。

やらなくちゃいけないのに面倒くさい。シャキッとしたいのに眠い。そんな宙ぶらりんな夕飯後の時間の使い方で、毎日「あ〜あ、もう12時だ」と後ろめたさを感じながらお風呂に入る。そんな繰り返しでした。そこで、もう夜仕事はしない、と決めてみました。もちろん、原稿の締め切りで切羽詰まっている時には、パソコンに向かいますが、その他の日々は、「何かをしよう」と思わない！　お風呂に入るまでの間を「何にもしない時間」として自分にプレゼントします。

習慣を変えるには、時間がかかります。つい張り切ってガラリと変化させたいと思いがちですが、一つの習慣の前と後ろには、今までの習慣が繋がっています。少しずつ変えて、前後と繋ぎ直し、試運転して確かめて、さらなる変化をプラスする……。そんなプロセスが必要。私の場合、今やっと夕飯後に「空白」を作ったところ。そこに何を組み合わせるか、これから少しずつ探っていきたいと思います。

今、この夜時間をもっと別の「お楽しみ」に使ってみたいと計画中。映画を見たり、音楽を聴いたり、本を読んだり……。ごく当たり前の過ごし方ですが、仕事人間の私にとって、仕事以外のチャンネルができたら、毎日がガラリと変わる予感がしています。

最近、朝のウォーキングを夕飯後に変えてみました。早朝、朝焼けの空を見上げながら30分ほと歩くのはとても気持ちがいいものでした。でも、夜のウォーキングは、全く違う意味を持つことを知りました。明かりのついた我が家から出て、夜の街を歩き出すと、今日過ごした1日を、一歩外から見直しているような気分になります。暮らしや仕事という箱があったとしたら、その箱を高い空の上から見下ろしているような感覚。すると、時間も頭も心も一旦リセットされ、今日という1日を俯瞰で眺めることができるのです。

星空の下、30分間歩いて、帰ってきたら、ゆったりと好きな時間を過ごす……。目下、夜時間の充実大作戦が進行中です。

手紙をやめる

↓

いつも「ベスト」でなくても、
「これだったらできる」を見つければいい

私は、お会いしたことがない方に取材依頼をするとき、手紙を書きます。どんな本なのかを説明し、どうしてあなたに出ていただきたいのか、何をお聞きしたいのか、をしたためて、見本誌と企画書と共に送ります。まず手紙、というワンクッション置くやり方にしたのは、私自身の体験がきっかけでした。「暮しの手帖社」から取材依頼をいただいたとき、編集者から届いた手紙には、縦書きの便箋3枚に丁寧な字で、取材内容が綴られていました。もう、びっくりするやら感動するやら！　その後お電話をいただいて「もちろん！」とお受けしました。

取材依頼は大抵の場合、締め切りがギリギリで、急いでいることがほとんどです。一刻も早く受けていただけるかどうかを知りたい。だから、手っ取り早く電話をしたりメールを送って相手の意向を伺う、というのがいつものやり方でした。でも……。あえて時間がかかる「手紙」を選ぶということは、それだけ「じっくりと時間をかけて、あなたを取材させていただきたい」という気持ちを伝えてくれます。自分が手紙を受け取ったときの、あの嬉しい気持ちを思い出し、どんなに忙しくても、便箋を広げて万年筆を走らせます。

「モーネ工房」を主催されている井上由季子さんを訪ねたとき、出張を終えて自宅にたどり着き、ポストをのぞいて驚きました。そこにはもう井上さんからお礼状が届いていたのです。しかも私が手土産でお持ちしたお菓子の包み紙を貼り付けたハガキでした。「なんて小粋なお礼状だろう！」とワクワクしたのを覚えています。「お礼の気持ちが冷めないうちに」というのが井上さんの口グセでした。

そんな手紙の力を知っているからこそ、お世話になったり、頂き物をしたら、お礼状をちゃんと出そう！といつも思います。でも、現実は……。仕事に追われ「今日こそ書こう！」と思っても、結局時間がなくなって「明日は必ず」と先延ばし。結果、お礼状を出すには時間がたちすぎて、出さずじまいで「あ〜あ」と後悔する、という繰り返しでした。

とはいっても、メールではなんだか味気ないし……。そんなとき、我が家でパーティーを開いた日、帰りがけの電車の中から「ありがとう」のショートメールを送ってくれたカメラマンの馬場わかなさんのことを思い出しました。馬場さんは、我が家に遊びに来てくれたり、一緒にご飯を食べたら、必ず帰り道から「いや〜、あの大根の煮物、美味しかったなあ〜」とメールをくださるのです。

そっか、手紙がよくて、メールがダメなんてことはないんだ、と気がつきました。大事なのは「楽しかったよ〜」「美味しかったよ〜」という気持ちを伝えることなんですから。そのときから、私はお礼状を出すことを諦めました。その代わり、なるべく早めにメールでお礼の気持ちを伝えます。もちろん、今でも手紙やハガキを出すことはあるけれど、「手書きで伝える」ことにとらわれすぎると、井上さんが言う「お礼の気持ちが冷めて」しまう……。

若い頃は、なんでも「ベスト」でないと気が済みませんでした。でも「ベスト」ができないなら「ベター」でいいと割り切ることも時には必要。今、我が家の収納は、何度も失敗を繰り返し、やっと「ベター」なシステムが出来上がったばかりです。これまで、収納の達人の真似をして、お揃いの保存瓶をずらりと並べたり、引き出しをこまごま仕切って整理したり……。でも、大雑把な私には、出したら元に戻す、ということさえできなくて、すぐに「ベスト」はガラガラと崩壊してしまうのでした。大事なのは、「ベスト」を知ったその後に、「だったら？」と自分ができることを考えること。こうして「ベター」な収納システムとして、ボックスを並べて置き、その中に放り込むだけ。中まではこまごま整理しない、と決めました。

誰もが完璧に生きられるわけじゃない。全ての人が「ベスト」で生きていたら、みんなAIになってしまいます。誰でも「できないこと」を持っていて、「できる」度合いが違うからこそ、一人一人の個性が生まれる……。

そう考えると「できること」を見つけるのは、自分という存在を愛おしむことなのかも。「これだったらできる」を拾い上げ、無理をせず「ベター」な生き方をしていこうと思えるお年頃になりました。

古道具を買うのをやめる

↓

「買った」後には、
「管理」を暮らしに
定着させることが大事

古いガラス瓶や、昔何かに使われていた箱、昔の裁縫道具や糸巻き。時を経て味わいを増した古道具が好きです。かつては、何かの用途のために使われていた道具も、錆《さ》びたり、色褪《あ》せたりと、機能が風化することによって、その「形」や「趣《おもむき》」だけが残り、まるでオブジェのよう。そんなあれこれを見つけてみては、ミニアートとして部屋に飾ってきました。骨董やアンティークというほどでもない、「古道具」というものがある、と知ったのは、今から20年ほど前に『和風が暮らしいい。』というムックを作っていた頃です。それまでの「和風」ではない、新たな感覚の「和の暮らし」を紹介する中で、古道具屋さんはもちろん、金物屋さん、文房具屋さんなどを訪ね、昔からある道具やデッドストックの中から新しい目線で、掘り出し物を探すのが楽しみでした。「また、そんなガラクタ買ってきて！」と夫に呆れられるほど、錆びた箱や、色褪せた板を買ってきては、組み合わせて自宅の玄関やチェストの上に飾り、「なかなかいいやん！」と満足しておりました。

でも……。いつの頃からか、そんな我が家の中古ミニアートを、1つ、2つと減らし始めました。なぜなら、そこにホコリがたまるから。飾っている小物をいちいち移動させて、拭き掃除をするほど私はマメではありません。あるとき、窓からの光が、ちょうどディスプレイコーナーに差し込んでいました。遠目で見ると、「いい感じ」だと思っていたのに、近づいてみてギョッとしました。あちこちで買ってきた古道具のあれこれに、ホコリがびっちりたまっていたのです。「うわ〜、大変だ〜！」と全て庭に持って出て、小さなブラシで掃除をしました。

これを機に、本当に気に入ったものを少なく飾ることにしました。数が少なければ掃除もラク。新たに古道具屋さんで気に入ったものに出会っても「待てよ！」と自分にストップをかけ、吟味するようにもなりました。

生活には「管理」というものが必要だと気づいたのは、ごく最近のことです。欲しいものを手に入れて、暮らしの中に仲間入りさせると、新たな時間が始まるようでワクワクするけれど、実は大事なのはその後。新しく加えた「それ」をどこにしまうのか、今まで持っているものとどう組み合わせるのか、これからの毎日でどんなふうに使うのか、どうやって手入れをし、きれいに清潔に保つのかを考えなくてはいけません。私は大雑把人間なので、この「管理」が本当に苦手。自分の本棚の内容を把握できていないので、本屋さんで本を買ってきたら、数週間前にすでに手に入れていて「あちゃ〜！」なんてことはしょっちゅう。さらに、本棚代わりにしている押し入れの上段に読み終わった本を放り込んでいったら、あまりに重たくなりすぎて、なんと押し入れの中板が抜けてしまった！なんていう事件も。今では、最後の1ページを読み終わると同時に「これは保存版にする？」と自分に問いかけるようになりました。

こうやって、一つ失敗するたびに「これはいかん！」と「管理」するための方法を考えるようになりました。買い物はすぐにできるけれど、「管理」は生活を放りっぱなしにせず、観察し、改善し、自分でそのルールを構築しなくてはなりません。なんとなく暮らしているのではなく、そこには「意志」が必要になります。ただし、あまりに張り切りすぎると、途中で息切れして続けることができないので、「面倒くさがりの私でも続けられる」方法をなんとか編み出します。こうして、やっと暮らしにいくつかの「管理」が定着してくるうちに、ふと考えました。もしかして、「暮らしていく楽しさ」って、この管理＝マネジメントにあるんじゃないだろうかって。

どんなことにも「原因」と「結果」があります。仕事でも暮らしでも「やりがいがある仕事がしたい」とか「気持ちいい日々を送りたい」と、「いい結果」を望むもの。でも、いきなり目指しているものが手に入ってしまったら、ちっとも面白くないと思うのです。「どうしたら自分が好きなことを仕事にできるんだろう？」「どうしたら心を満たす部屋になるんだろう？」と試行錯誤するプロセスにこそワクワクする……。

暮らしのマネジメントは、人に頼むわけにはいきません。持続可能なことはどんな方法なのかは、自分の胸にしか聞くことができないから。「自分でしか作り上げられない」からこそ、作っていく過程が楽しいのだと思います。

今、我が家の玄関には、古い真鍮《しんちゅう》の灰皿がポツンと置いてあります。掃除を終えるとここでセージを焚きます。たくさんの古道具を手放した後に、やっと清々しい香りを味わえるようになりました。

完璧に掃除することをやめる

↓

100点を目指さなくても、80点を毎日続ければ、部屋はきれいになる

我が家は古い日本家屋で畳の部屋がメインなので、掃除にはずっと箒《ほうき》を使っていました。畳の目に沿ってシャッシャッと箒を動かす感覚は、手に心地よく、掃除機よりずっと早く掃除ができましたから。でも……。箒で面倒なのが、集めたゴミをちりとりで取ること。窓を開けているので、せっかく集めたゴミが風で散ってしまったり、何より大雑把人間なので、最後の最後までホコリを取り切れなかったり。

さらに、家具と家具の隙間のホコリなどは取ることができず、なんとなく「掃除し残した感」がありました。

そこで、あるときから「やっぱり」と、コード付き掃除機に替えました。「コードレスが便利だよ」と聞いてはいましたが、やっぱり吸塵力や持久力はコード付きの方がいいんじゃないかと思っていたからです。でも、押し入れから掃除機を出して、コードをつ

ないで、掃除機をかける。このプロセスを思っただけで面倒くさい！　結局当時は、1週間に1度掃除機をかければいい方。私は、ホコリがふわふわ舞っていても、全く気にならない性格なので、きれい好きの夫が、たまに見かねて掃除をしてくれていました。

「掃除は汚れていなくても毎日します」。取材をした掃除の達人に教えてもらったこの言葉に、ビビビッと何かがわかった気がして、私は毎日掃除をするようになりました。毎日すれば、大雑把で適当な掃除でも、部屋はきれいになるのだと初めて知りました。そして、「毎日」するために、面倒なコード付き掃除機をやめ、「マキタ」のコードレスの掃除機を使い始めました。もう、その気楽さにびっくり！

普段は、キッチンのフックに掃除機を引っ掛けておき、使うときはヒョイと片手で取ってスイッチオン！「掃除機をかける」ということが、全く面倒ではなくなりました。確かに吸塵力は、以前より弱いかもしれません。でも「毎日」やるから、多少吸い残しがあってもいいのです。完璧に100点の掃除ができなくても、80点を毎日取り続けた方が、部屋はきれいになることを実感しています。

タレントのヒロミさんが藤田晋さんとの共著『小休止のすすめ』（SBクリエイティブ

刊）の中で語られていた言葉にハッとしました。10年間芸能界を「お休み」したヒロミさん。かつては１５０％、２００％の力で仕事をしないと気が済まなかったそうです。それが「お休み」を経て復帰したとき80％でいい、と思うようになったのだとか。「ブランクがあったおかげで、８割の力加減で周りを生かすとうまくいくと気づくことができた」と語っておられます。

１００％やり切ると、残りの燃料がなくなります。すると「自分が計画したこと」をやるだけで精いっぱいで、「計画以外」のことに目を向けることができなくなります。目的に向かうまっすぐな道をひたすら進むことしか考えられなくて、その道の横に落ちている美味しそうな大福に気づくこともできないし、ちょっと逸れた脇道の先に素晴らしい風景が広がっているのに通り過ぎてしまう……。

私はフリーライターになってから、ずっと仕事しかしてきませんでした。必ず締め切りがあり、それに遅れないようきちんと原稿をアップすることが、人生の優先順位の第1位でした。何か習い事をしたり、趣味に夢中になると、仕事へかける力が薄まるような気がして、怖くて「遊ぶ」ということができません。そんな自分の真面目さが、面白くないなあと思い始めているこの頃……。どんな人もただ一回きりの人生の中で「できること」はそんなに多くありません。会社員の人は、会社で過ごす時間が人生の大半を占めるでしょうし、子育てをしている人は、子供がある程度の年齢になるまでは、「子育て第一」。好きな趣味がある人も、突き詰めてできることの数は限られています。

世の中には、もっといろいろな世界がある、と知ってはいるんだけれど、なかなかその扉を開けることはできない……。だったら、せめて目の前のことに夢中になるだけでなく、時折ふっと視線を上にあげてみたいなあと思うのです。１００％自分を使い切らず、どこかで力を抜いて、あたりを見渡してみたい、とこの頃考えるようになりました。

まずは、「やらなくちゃ」と思い込んでいるけれど、実は「やらなくてもいい」ことを探してみることから。「コード付き掃除機じゃなくちゃ」という思い込みを外して、「お手軽コードレスでいいや」と気づくように、料理の手を抜いたり、片付けをサボったり……。20％分の引き算を始めてみようと思います。20％の空きスペースができたとき、そこに何が流れ込んでくるのか……。それは、きっと今まで夢中になってきた仕事とはひと味違う人生のお楽しみなような気がします。

ジム通いをやめる
↓
自分の体を変えるには、毎日コツコツ続けることが一番効果的

何か習い事をするとき、多少お金がかかっても、マンツーマンのコースや、パーソナルトレーニングを選びます。というのも、「それ」が一体どんなものなのか、短期間できちんと理解したいから。初めての習い事が、自分に合うかどうかは、やってみないとわかりません。先生やトレーナーと1対1で向き合って、教えてもらった方が断然わかりやすい！　もし「それ」が自分に合って、長く続けたい、と思ったらグループレッスンに切り替えます。

初めてジムに通ったのは30代の頃でした。たまたま担当いただいた女性トレーナーがとても厳しく、毎回「ヒーヒー」言いながら、ダンベルを上げたり、チェストプレスをしたり。不思議なもので、自分一人では、5回しかできない腹筋が、横でトレーナーが「それ！　頑張って！」と声をかけてくれると、10回できたりするのです。効果はメキメ

キ表れて、体重がす〜っと7kgぐらい落ちました。でも……。引っ越したことで足が遠のくと、たちまちリバウンドし、体重はまた元に戻ってしまったのでした。

5年ほど前に今度はヨガを始めました。知人の「ヨガは、自分の中を空っぽにするためのもの。空っぽになると、すごく気持ちがいいんだよ」という言葉を聞いて、私も！と思ったのです。ただ私は幼い頃から極端に体が硬く、小学生の頃、身体測定での立位体前屈はいつもマイナス。前屈して床に手をつくこともできず、長座をすることさえままならないような状態でした。そんな私でも大丈夫？と思いながら、ちょうど近所にできたスタジオに通ってみることにしました。

通い始めてわかったのは、インストラクターの「言葉」がとても効果的ということ。ヨガのアーサナ（ポーズ）を取りながら「今、頭の中にあることは、風呂敷に包んで、ちょっと横に置いておきましょう」と言葉をかけてもらうと、どんなにイライラすることがあっても、終わる頃には、心がスッキリさっぱり整っていました。ただ、週に1回通うだけでは、体はなかなか柔らかくはなりません。そこで少し慣れた頃に、毎朝自主トレをしてみることにしました。

自宅の畳の上にヨガマットを敷いて、最初は座って目を閉じて呼吸をすることから。忙しいと、朝目覚めてすぐにパソコンの前に座って……という日々を過ごしていた私にとって、たったそれだけでも、心がすっと落ち着きました。そうして、毎日30分、できない日はできないでよしと、ゆる〜く続けていたら……。ふと気づくと、長座をしてつま先に手が届くようになっていました。両足を揃えて立ち、床に手がつくようにもなりました。長く続ければ、こんな年齢になっても、体って変わってくれるんだ！　それは、私にとって大きな発見でした。そこで今度は、ヨガとヨガの間に、ストレッチや筋トレを差し込んでみることにしました。少し体をほぐしてから、腹筋を20回、最後にスクワットを30回、といった具合です。最初はスクワット5回で足がプルプル震えたり、腹筋10回が精いっぱいだったけれど、続けるうちに回数が増え、最近ではさっさか終わらせることができます。少しずつお腹回りがスッキリし、2kgほど体重も落ちました。

そんな経験を経て、「そうか！毎日自分でやった方が、ずっと効果的なんだ」とわかってきました。もちろん、最初は正しいポーズや姿勢を身に付けることが大切です。そこは、パーソナルトレーニングで短期間でササッと習得し、後は自分でじっくり毎日コツコツ続ける。そうすると徐々に効果が出ます。効果が目に見えると嬉しくなって、また続けたくなる、という好循環が生まれるというわけです。

「痩せる」だったり「体力をつける」という目的のために「ジムに通う」という行動を起こすけれど、よく考えてみると、私たちの周りには、「目的」と「行動」がうまくつながらず、知らず知らずの間に大層遠回りしていることがたくさんあるようです。だからこそ、「当たり前」と信じ込んでいる方法やプロセスを、一度やめてみることも必要。そうすると、「目的」と最短距離で繋がる新しい方法が見えてくるかもしれません。

目的に到達するためには、誰かに教えてもらわなくちゃ、と思い込んでいたけれど、実は教えてもらうのは、どうやって達成するかというプロセスだけです。でもそこからが本番。それを毎日続けて自分のものにすることこそが大事。どうやって自分の暮らしに取り入れ、定着させ、習慣化させるかが勝負です。これは、人生一般においても同じなのかも？　いつもの仕事や日々の過ごし方をぐるりと見渡して、複雑で無駄になっていた回路を一旦切断し、「目的」と最短距離でつながる回路へ新しくつなぎ直してみたくなりました。

リネン生活をやめる
↓
お金で経験を買う時期を経て、「何を持つかより、どう使うか」を考える時期へ

30代の頃、おしゃれな雑誌では、こぞってリネン＝麻の特集が組まれていました。ヨーロッパの家庭では、娘が嫁ぐとき、母親がシーツからタオルまで、家庭で使う美しいリネンを用意するのだとか。シャリッとした質感は、夏にはひんやりと、冬には暖かく、吸湿性、速乾性に優れ、丈夫で長持ちするのがその特徴です。さっそく私も真似して、リネンを使ってみることに。まずはキッチンクロスから。グラスを拭いてもケバがつくことなく、ピカピカになることにびっくり！　さらに濡れてもすぐにパリッと乾きます。

ただ、そんな機能性より何より、「暮らしの中でリネンを使う」というおしゃれな響きが嬉しかったように思います。少しずつ、家中のファブリックをリネンに替え始めました。シーツ、バスタオルやハンドタオル、パジャマ……。しかも、ベルギーの最高級リネン「リベコ」など、当時の私の収入では、「エイッ」と清水の舞台から飛び降りないと

買えないような高価なリネンにも手を出して、一人で悦に入っておりました。

バスタオルは1枚5000円。パジャマは2万円……。当然1枚しか買えなくて、朝洗濯して夜使う、という暮らしでした。それでも、直接肌に触れるものを、さらっとシャリ感のある、高級リネンに替えて、それを使う毎日は、なんだか自分が素敵な人になったような気がして嬉しかったなあ。

自分の収入の中で、何にお金をかけるか。それは、その人の生き方と直結しているなあと思います。若い頃は無理してでも、憧れのものを手に入れ、「経験」を「お金」で買う時期。そんなインプットが少し落ち着くと、今度は「これって、本当に私の毎日に必要？」と一歩引いて眺めるようになります。

40代半ば頃から、「リネンじゃなくちゃダメかな？　コットンだったらどうなんだろう？」と考えるようになりました。そこで、シーツは「無印良品」のオーガニックコットンに。タオルは今治タオルのコットンに。バスタオルは1枚2000円で、「無印良品」のコットンガーゼのパジャマは3000円です。「なんだ、これで全然OKじゃん！」というのが、使ってみての結論でした。

ただし、夏のシーツはやはり、ひんやりした素材感が心地いいのでリネンに。キッチンクロスも、速乾性が優れている「R&DM・Co-」のリネンを使っています。

きっと私は、若い頃「リネンを使っている私っておしゃれでしょ」と言いたかっただけなんだろうなあと、今ならわかります。背伸びをして、高価なリネンを買うことで、それを使う〝人種〟の仲間入りができたような気分を味わっていたのかもしれません。でも、それが、絶対にリネンでなければいけない必要性は、ちっとも理解していなかった……。

世の中には、いいものがたくさんあります。「もっともっと」と高望みすれば、より上質なもの、より高価なものがどんどん現れます。そんな中で「身の丈を知る」とは、意外に難しいことなのかもしれません。

若い頃、何と何を手に入れれば、幸せになれるのか？　どんな仕事をし、どれくらい稼げば幸せに手が届くのかと真剣に考えました。でも、ふと周りを見渡せば、ギリギリの生活をしているのに「幸せです」と語る人がいて、高級車を乗り回しているのに、いつも「不安だ」と口にする人がいました。幸せになる方法をあれこれ探すより、「幸せだ」と感じる心を磨いた方がずっと近道。

暮らしも同じなのかなあと思います。何を持つかより、どう使うかの方が大事。いかにいい鍋を持っても、昔から使い続けているアルミの鍋で、煮物からシチューまで、色々な料理を作る母にはかないません。それを心して、一つ何かを手に入れたら、一生懸命使いたいなあと思います。

毎週末、シーツと掛け布団カバーを洗います。ついでに布団を干して、その間にベッドの下を掃除機で掃除し、モップで水拭きを。さっぱりとした寝室で、からりと乾いたシーツをセットすると気持ちいいこと！　こうやって、自分の時間を紡いでいくこと。それがものを手に入れる目的なのだと、忘れないようにしたいものです。

切り抜き&ブックマークをやめる

↓

情報で満タンにせず、自分の心に「へ〜!」と感じる隙間をあけておく

20代の頃、雑誌を読むのが大好きでした。素敵なインテリアや雑貨、実家では見たこともない料理や器、テーブルセッティングなどをうっとりと眺めたものです。そして海外や、京都や北海道など日本各地の旅の情報からは、「へ〜! こんな世界があるんだ!」と刺激をたくさん受けました。「いつかこんな部屋に住んでみたい」「いつかこの器が欲しい」「いつかあの店に行ってみたい」。扉の向こうに広がるまだ見ぬ世界に胸をときめかせ、「いいな」と思ったページを切り取ってスクラップブックに貼る作業が楽しかったなあ。やがて、フリーライターになると、今度は取材をするための「情報」が必要になりました。いつもアンテナを張って、「いい取材先」を探すことに躍起に。あんなにワクワクしながら眺めた雑誌は、「ネタ探し」の材料になりました。スクラップブックに貼る暇なんてなくなって、とりあえず気になった記事をカッターで切り取り、ボック

スにぽいぽい放り込むように。でも……。日々忙しくて、それを広げて再度見返すということは滅多にありませんでした。

10年前にこの家に引っ越したのを機に、どっさりあった切り抜きを、一気に処分しました。「いつかもう一度読み返そう」と思っても、「いつか」は永遠にやってこない、とわかったから。もちろん、中には「このお店は絶対行こう！」と切り抜きを手帳に挟んでおき訪ねたこともあるし、「この作家さんの器を絶対に見たい」と壁に貼っておいたこともあります。そんな「絶対」と気合を入れる記事は、自然に「別格扱い」をして、後からわかりやすいように保存していました。

やがて、どんな情報もインターネットで検索すれば、すぐに調べることができるようになりました。雑誌の代わりにネットサーフィンをし、「いいな」と思ったら、ブックマークするようになりました。ただ、大雑把な性格の私は、ジャンル分けすることもなく、ただ思いつきでポチッとブックマークメニューを押すだけ。どこにどんな情報が入っているのか皆目わからなくなって、これまた「見返す」ことはほとんどありません。

どんな情報も「持っている」だけでは何の役にも立ちません。保存しておく情報量が多くなればなるほど、必要なものを、必要なときに「探し出し」、「使う」ための仕組み作りが必要になります。私は、そんなスキルもマメさも持ち合わせてはいませんでした。

そこで、いろいろな情報を「保存」することをすっぱりやめてみることにしました。たぶん、雑誌を切り抜いたり、ブックマークをしたくなるのは、その「情報」がもったいないと思うからです。このままスルーしてしまったら、きっと忘れ去ってなかったことになってしまう。「保存」しておけばいつか役に立つかもしれない……。

でも、ただ判断を先延ばしにするだけの情報は、たぶんこれから先も必要はないのだと思います。「いる」か「いらない」かは、「今」判断すべき。判断ができないものは、きっと「いらないもの」。そう割り切ることにしました。

普段なかなかまとまった休みを取ることができないので、年末だけ「あとはよろしく！」とクリスマス前に旅立つことにしています。周りの人より早めに休むので、やらなければいけないことを片付けたり、来年の段取りをしたりと、旅立つ前日までバタバタ。当然、行き先の情報など集める時間もなく、いつも行き当たりばったりの旅です。でも、それでいいかなと思っているのです。というのも、綿密に調べて予定を立てると、雑誌やガイドブックの情報を確認しに行くような旅になってしまうから。とびっきりおしゃれじゃなくても、地元の人が集まるカフェに入って、時間を気にせず、コーヒーを飲みながらダラダラ過ごしたり、何気ない街角の風景を眺めてみたり。すると、自分にこびりついている垢がポロポロと剝《む》けて、「ああ、私がバタバタしている日々の裏側で、こんな過ごし方をしている人がいるんだなあ」と、当たり前のことに感動したりします。

情報が多すぎると、「感じる」時間がなくなってしまいます。でも、新たな情報が全くないと、ワクワクに巡り合うことができません。だからこそ、そのバランスが大事だなあと思うこの頃。そんなバランスを取る方法の一つとして、欲張ることをやめてみたというわけです。あれも、これも知っておかなくちゃソン、みんなが知っていることを知らないなんて恥ずかしい、乗り遅れたらダメ、という思い込みは手放して。本当に必要な情報なら、きっと今手放しても、後できっと巡り巡って私のところにやってきてくれるはず。満タンな心をちょっと整理して、隙間をあけておけば「へ〜!」「ほ〜!」と、色々なことに感動できる気がします。

トイレブラシをやめる
↓
トイレがきれいになっても、
ブラシはどうする?
「目的」の1つ先まで考えてみる

雑誌の取材で、掃除の達人に掃除の仕方を習いに行きました。驚いたのは、家中をマイクロファイバークロスのみで掃除をする、ということ。部屋の拭き掃除はもちろんのこと、バスルームも洗面所も、そしてトイレも！　つまり、便器の掃除にトイレブラシを使わないのです。達人曰く、トイレブラシが雑菌の温床になるのだとか。私も、トイレを掃除した後に、そのブラシをブラシホルダーに戻すとき、「ムムムッ、これ、使ったままでいいのかな?」とモヤモヤしていたので、さっそく真似をしてみることにしました。

便器の中に手を突っ込んで、マイクロファイバークロスで洗う、というのは、最初はやっぱり抵抗がありました。でも、達人の教えは「掃除は、汚れていなくてもします」というもの。トイレも、毎日必ず掃除をしていたら、ほとんど汚れない、ということがわかってきました。そして、いつの間にか、便器に手を突っ込んで掃除をすることも全く平気に。もちろん、トイレブラシは早々に処分してしまいました。トイレの隅っこでブラシホルダーがホコリをかぶって……なんてことも防げて一石二鳥です。

暮らしの中には、この「トイレブラシ的」なものがたくさんあるんじゃないかと思います。本来、汚れを取るための道具のはずなのに、その道具自体の清潔感が保てない……。人は、「トイレをきれいにする」という目的だけしか目に入らないと、「ブラシを使った後」のことまで考えないものなのかもしれません。

掃除をする、料理を作る、原稿を書く、子供の宿題を見る。暮らしの中には、さまざまな「やらなくてはいけないこと」があります。でも、大抵の場合、その「目的」は「一度果たせば完成」ではなく、毎日毎日繰り返さなくてはいけません。夕飯は毎日作らないといけないし、原稿も1本終わったら、また次の1本が始まります。ゴールを切ったと思ったら、またスタートに立ち止まり、また次のゴールへと走りだす。そう考えると、目的を果たすより大事なことは、常にゴールまでたどり着ける「循環」を作ることだとわかってきます。

私は料理の「作り置き」が苦手です。張り切って作った時期もあるのですが、作り置いたものを組み合わせ、食べ切ることが難しい。仕事で帰りが遅くなり、外食が続くと、食べないまま傷んでしまうこともあるし、「今日はハンバーグじゃなくて焼き魚が食べたい気分」という日もあります。

「常備菜を作る」という目的の先には、それを「どう食べるか」という日々の工夫が必要になります。「作る」↓「食べる」↓「なくなったからまた作る」という循環があってこそ、「作り置き」が機能します。

便利そうな収納グッズを見つけても、ちょっと深呼吸。お揃いの保存瓶などを店頭で見ると「わあ、これに乾物を入れてキッチンにずらっと並べたらいいだろうなあ」とワクワクします。でも、ちょっと待った！　その保存瓶、一体どこに置く？　忙しい日もいつも必ずここに入れる習慣をキープできる？と「目的」のその後まで想像してみます。すると大抵「ああ、無理かも」と思うのです。私はそんなにマメじゃないし、忙しくていつも「時間がない」と言うのが口グセだったと思い出せば、「できること」と「できないこと」が見えてきます。

これは、生きる姿勢でも同じじゃないかと思います。仕事で評価を受ける。売り上げをあげる。子供をいい学校に入れる。夫が出世する……。人生にはたくさんの「目的」があるけれど、「その先」には何がある?と自分に問いかけてみると、違う道があることにハッと気づいたりします。仕事でどんなに評価を受けても、リタイアした後、どんな幸せな日々が待っているのだろう?と考えると、今この時の評価に一喜一憂することが、なんだか虚しくなったりします。子供がいい学校に行くことと、個性を伸ばして自分の道を歩くこと、どちらが幸福なのだろう?と思い巡らせれば、もう少し伸びやかな目で、未来を眺めることができるかもしれません。目的のその向こうまで視野を広げると、「こうじゃなきゃ」という思い込みが解けていくような気がします。

トイレのブラシをやめてみたら、簡単に「きれい」をキープできる仕組みが生まれたように、当たり前に「必要」だと思っていたものを手放したとき、もう一度、本当に無理のない循環をつなぎ直すことができるように思います。

丼《どんぶり》勘定をやめる

↓

「なんとなく不安」に光と風を当て、「不安」の正体を知る

私は、フリーライターなので収入がとても不安定です。バンッとまとまったお金が入る月もあれば、一銭も入らない月も。来年の収入がどうなるかもわからないし、そんな現実を直視するのが怖くて、ずっと「お金」に関しては、片目で通帳を眺め、できれば「見ないふり」をして通り過ぎようとしてきました。

当然、貯金の計画もゼロ。毎月3万円と決めたって、収入がない月があるかもしれないんですから……。確定申告は、「領収書を、スーパーのレジ袋にひとまとめにして渡せばやってくれる人がいるよ」と紹介してもらった会計事務所にお任せしっぱなしで、本当に丼勘定でした。常に「これじゃいかん」という思いがどこかにあるものの、一体どこから手をつけて管理すればいいのか見当がつかなかったのです。

自分の「お金」が見えていないから、欲しいものがあれば、手元にお金があれば買っ

てしまう……。私の場合、器の作家さんのところへ取材に行けば、器を買い、「使ってみなければわからない」と「経験」を「お金」で買う、という仕事の側面もあり、お財布の残高を把握しないまま買い物を続けていました。

「そろそろこれはやばい」と真剣に考えだしたのは、なんと40歳を過ぎてから。「できない月もあるかもしれないけれど、ま、そのときになったら考えればいいか」と、毎月いくらと決めて定期預金を開始！　すると……。普段は、忙しくて忘れているのですが、ふと、思い出して電子通帳を見ると「あれ？　貯まってるやん！」と大喜び！　こんなレベルで……とお恥ずかしい限りですが、数字は確かなものとして積み重なっていくことを、初めて実感したのでした。

そうしてわかってきたのは、お金は、「決めて」「行動」を起こさないと、どんどん消えていくということ。未来の予測はできないかもしれないけれど、目をつぶってでも毎月「いくら」と決めることで、確実にそれは残っていくということ。もっと早く気づけばよかったと後悔しきりです。

同時に「1か月、自分が一体いくら使っているか」も把握しようと思い立ちました。

今まで家計簿をつけた経験はゼロ！　とりあえず1か月だけ収支をつけてみることに。きっかけは、取材で便利なアプリを教えてもらったから。スマホで領収書の写真を撮るだけという家計簿アプリです。これが思っていた以上に面倒くさく、何度も途中でめげそうになりましたが、なんとか1か月続けてみると……。その結果にびっくり！　なんと食費がものすごい金額だったのです。我が家から一番近いスーパーは、東急フードショーです。つい面倒だからとそこで買うことが多かったのですが、当然、百貨店の地下なので、いわゆる「高級スーパー」の類です。そこでバンバン普段の食材を買っていたら、食費が膨大になって当たり前……。そんなことに今さらながら気づいたのでした。それからは、時間が許す限り、野菜だけはいいのが欲しいからここで。その他は大手安売りスーパーへ、と自分なりに工夫するようになりました。

今では、例の会計事務所をやめ税理士さんについてもらって、自分で全ての経費を入力しています。まだ入力するだけで精いっぱいで、全体の流れを把握したり分析できるところまでは到達していないけれど、一歩前進といったところでしょうか。

私は、どこか完璧主義なところがあり、「やるなら完璧に！」と意気込んでしまいます。

逆に「どうせできないだろう」と一ミリでも感じてしまうと、すぐにやる気が萎《な》えてしまいます。きっと「できなかった」という結果を見るのが悔しいので、だったら「やらないほうがマシ」と妙なプライドが働いてしまうのかも。まさに0《ゼロ》か100かという極端な性格です。でも、日常の中には「できるかできないかわからない」ということがほとんどです。本来なら「これなら大丈夫」とできることを確信してから出発したいのに、その道筋が見えなくて一歩も足が動かない……なんてことがいっぱい。

「貯金」という未知なる世界を体験してみて、今感じることは、「見切り発車」ってなかなか有効！ということです。皆目見当がつかないことを、一歩一歩わかっていく方法は、「やってみる」しかありません。途中で「やっぱり違った」と引き返すにしても、「やって」みないと、それが「違った」ということすらわからない……。もし、間違えれば引き返し、また新たな方向へ歩み出せばいいだけ。

もしかしたら、私があの丼勘定時代に通帳を見たくなかったように、私たちが一歩を踏み出せないのは、「なんとなく不安だから」だけなのかも。そこに風を通し、光を当ててみたら「不安」は自分の心が作り出した影だと気づきました。

新聞をやめる

→ 頭で「判断」するのではなく、「心」に「やりたい」か「やりたくないか」を聞く

昨年とうとう新聞を取るのをやめました。これには、かなり抵抗がありました。ただでさえ、経済や社会問題に疎《うと》いので、せめて新聞だけは読もうと、何度も決心したのです。さらに、新聞の端っこにある小さな記事も、生活欄の読み物も、さすが秀逸で、毎回発見がありました。ただ、問題は隅々まで読む時間がないこと……。結局ほとんど読まないまま1週間がたち、古紙回収の日に出す、ということが続いていました。

夫が何度も「もう読まないから取るのやめない？」と言っていたのですが、「読むもん！」と抵抗し、朝のちょっとした時間に広げてみたり、と習慣化しようとしました。でも、取材のために読まなくてはいけない本や資料がてんこ盛りで、どうしても後回しになってしまうのです。

もう、ダメだ！　きっとこれからも読まない日々が続くだろうと、やっと降参したと

新聞をいうわけです。どうしても！　のニュースはインターネットで読むことにして、新聞がストップしました。たったそれだけのことなのに、部屋がスッキリしたこと！　新聞が届くと、どうしても食卓の上に置きっぱなしになります。1～2週間に一度、古紙回収に出しますが、テレビ台の下に作った古新聞入れにどんどんたまってきた姿は、なんとも雑然として……。さらに、その様子を目にするたびに「新聞、読んでいない」という後ろめたさを感じてしまいます。それがなくなったことで、部屋も心もさっぱり！

やめてみて、わかったことがあります。それは、私はそれほど新聞を読みたくなかったんだということ……。本当に読みたいのなら、ほんの少しの時間があれば、新聞を広げていたはず。それでも「時間がない」と後回しにしたのは、新聞より小説やエッセイを読みたかったし、社会問題はテレビで見る程度で十分だったということになります。

自分が本当は何がやりたくて、何をやりたくないかを見極めるのは、思っている以上に難しいものです。それは、「やりたい」と「やりたくない」の境目が、頭と心では違うから。本当のことを知るためには、自分の心に手を当て、耳を澄ませてその声を聴いてみる必要があります。

「頭」を使うと、どうしても「判断」したくなります。「やった方がいい」とか「やるべき」とか「やったらどうなる」とか……。そんな外側の価値を1枚ずつ剝がして、心の芯にある本当の気持ちにフォーカスする。それが、「やりたい」と「やりたくない」を見分けるコツのような気がします。

この本のデザインをしてくださっているグラフィックデザイナーの引田大さんは、遊びの天才です。毎日深夜まで仕事をしているのに、休みとなると、雪山にスキーに行ったり、家族でキャンプに出かけたり。最近ではテニスにはまって、仕事の前や後にスクールに通ったり、仲間と集まって汗を流したり。長年、仕事しかしてこなかった私にとって、その毎日は眩しいばかり！　オンとオフのどちらもが充実している暮らしは、どんなに豊かなことでしょう！

『暮らしのおへそ』の編集を担当してくれている和田紀子さんは、お酒と美味しいものと落語が大好き。私は勝手に「私のミシュランガイド」と名付けて、いつもお薦めのお店を教えてもらっています。昼ご飯を食べないのも、夕方から食事とお酒を堪能するため。浮き沈みのあるフリーライターという仕事は、不安と背中合わせです。でも、落語には、どんなダメな人も、そこにいていいという寛容さがある。そこに救われたのだと教えてくれました。寄席で大笑いしてからお酒を一献《いっこん》。仕事を終えてからの彼女の「おかしく、美味しい時間」の中には、私が知らない別世界への扉があるようで羨ましくなります。

「やりたい」という気持ちがむくむく湧いてきても、「忙しいから」「仕事に差し障りがあるから」と、私は無理やりその優先順位を下げてきました。遊びに行って、原稿の締め切りに間に合わないことが怖かった……。だから、日々はずっと「仕事」という一色しかありませんでした。これでいいのかな？　50歳を過ぎて、やっとそう思うようになりました。

　人生の後半は、もう少し「やりたいこと」に正直に生きてみたい……。でも、長年自分にフタをしてきたので、その扉が錆《さ》びついて、スムーズに開閉できなくなっています。少しずつ油をさして、開け閉めしてみて、メンテナンスから取りかかるつもり。まずは、身近に転がっている「やりたいこと」にシンプルにアクセスできるようになりたいなあと思います。

た事実です。それを「抽象化」する、という作業が大事なのだとか。つまり、事実を記録してから、そこから導き出した自分にとっての「真理」を書き加えるということ。

続けられるかどうかはわからないけれど、珍しく「やってみよう！」と思い立ちました。まずは「無印良品」で小さなノートを購入。外出するときにも、ストレスなくバッグに入れられるよう、軽くて小さめを選びました。さらに6色ボールペンもセットして持ち歩きます。あれもこれもと欲張ると負担になるので、ハッと心が動いたときにメモするようになりました。すると、今までなら、どんどん忘れていたであろう言葉が、ノートの中に宝物のように残っていくので、なんだかワクワクしてきました。

一日の終わりにお風呂に入るとき、このノートを持って入ります。湯船に浸かったら、風呂の蓋を広げてタオルを敷き、メモをのせます。そして、今日一日のメモを読み返します。読み返しながら、6色ボールペンで、「記録」に対する分析や感じたこと、そこから導き出したアイデア、これからの計画に転用できそうなことなどを書き込んでいきます。ペンを走らすと、思考がぐんと深まって、自分でも思ってもいなかった言葉を書き足したり、これからの展望が開けたり。

毎日ノートを見返すので、昨日、おととい、その前の日と、「感動の記録」を何度も反芻《はんすう》することができます。「読み返して」「書き足す」という作業を通して、自然に記憶も鮮明になり、仕事で文章を書くときに、「あ、そうそう！　あんなこと考えたんだった」と、自分で構築した真実をヒントにできるようにもなりました。サラサラと流れていく時間を、このメモが堰《せ》き止めてくれて、昨日に今日を、今日に明日を足し算していく暮らし方ができるようになればいいなあと、思っています。

メモで日常を足し算する

私は極端に記憶力が悪く、取材先で素晴らしいお話を聞いても、本を読んで「なるほど！」と目からウロコが落ちる刺激を受けても、１週間ほどすると、「すご〜く感動したことは覚えているんだけれど、その内容がなんだったか……」という情けない状態になります。このままでは、せっかくの経験がどんどん垂れ流しになって、ちっとも積み重ねられない。かといって、メモしたり、日記をつけたりという根気のいる作業はもっとも苦手……。

そんなとき、たまたま前田裕二さんのベストセラー、『メモの魔力』を読みました。この本で私が一番「なるほど」と思ったのは、メモを取った後のお話。メモの内容は、その日起こっ

おわりに

自分の欠点を無理に「直そう」と思うことをやめてみたら、「自分にしかできないこと」が見えてきました。じゃがいもを丸ごと茹でるのをやめて、切ってから茹でてみたら、ポテトサラダを作るのが億劫でなくなりました。私にとって、何かを「やめる」ことは、今まで歩いてきた道のすぐ横に、もう1本道がある、と気づくことでした。

太いメインストリートでなくても、細い路地裏の道を歩いても、きっと違った風景を眺めながらゴールにたどり着くことができる……。そんなお楽しみを知ってから、少し生きることがラクになった気がします。

何かを「やめる」ことは、「できない」と諦めることでもあります。それは、案外悪いことじゃない。歳を重ねてやっとそう思えるようになりました。人には「できること」と「できないこと」が必ずあります。つまり「できないこと」があっても当たり前ということ。でも、若い頃は「できないこと」があったらダメなんじゃないかと思っていたのです。

人生に限りがあると感じ始めた人生後半になって、「できないこと」をどうにかしようと頑張るより、潔く手放してしまった方がずっとラクと知りました。「できないこと」をやめてみると、自分の中にある力を丸ごと「できること」に使うことができます。すると、「できること」の精度がよりアップして、もっともっと「できる」ようになる……。それは、私が見つけた、自分をより上手に効率的に使い切る方法でした。「できること」という燃料に着火すれば、よりラクチンに、より遠くまで、気持ちよく飛んでいける気がします。

文庫化によせて

この本を出したのは2019年4月。そこから1年後に、まさかコロナ禍となり、今まで当たり前に「できた」ことが「できなくなる」なんて思いもしませんでした。人と会えなくなり、会社には通わずリモートワークになり、スーパーに行く回数を減らし……。自分で「やめる」という意志を持つ前に、強制的に「やめなくてはいけないこと」が増えました。最初の頃こそ、とまどいましたが、そんな中で私は意外や快適に暮らしていることに自分で驚きました。もしかしたら、「できる」と「できない」の境界線は、実は私が思っていたより、ずっと曖昧なものだったのではなかろうか……と感じるようになりました。

人の叡智は、素晴らしいもので、「できない」ことが出てくると、すぐに「できる」にひっくり返す方法をみんなが考えます。実際に会わないと話ができない、と思い込んでいたけれど、オンラインで繋がれば、遠く離れた人ともリアルタイムですぐに会話ができます。新しい方法が見つかれば、今までの「距離」というネックが消滅します。私は、食べたいものしか作れないから……と毎日スーパーに行っていたけれど、1週間に一度にして、「冷蔵庫であるもので作る」という練習をしてみたら、意外に残り物で料理をするのがゲームのように楽しくて、無駄なお金も使わなくなると知りました。

そんな経験を経て、「これをやめよう」と大きな決断をするのでなくても、「とりあえず一度やめてみる」という方法もありだなあと思うようになりました。「やめた」先に、どんな日々が続くのかは、やめてみないとわかりません。早起きをやめて、寝坊をしてみたら、人生がもっとゆったりと進むように感じるかもしれないし、SNSをやめたら、自分の時間が豊かになるかもしれない……。

「やめる」ことは「やる」ことの数を減らすということです。「やる」ことを少なくしながら、それでも残る「何か」こそ、自分が本当に「やりたい」ことなのかも。玉ねぎの皮を剝くように、1枚1枚「やらなくてもよいこと」を手放していけば、その中にある、本当の自分とつながることができるのかもしれない……。そうすれば、何かいいことが起こりそうで、ワクワクしています。

令和4年7月　一田憲子

一田憲子 いちだのりこ

OLを経て編集プロダクションに転職後フリーライターとして女性誌、単行本の執筆などを手がける。2006年、企画から編集、執筆までを手がける『暮らしのおへそ』を2011年『大人になったら着たい服』(共に主婦と生活社)を立ち上げる。そのほか、『天然生活』『暮らしのまんなか』などで執筆。近著に『もっと早く言ってよ。50代の私から20代の私に伝えたいこと』(扶桑社)がある。全国を飛び回り取材を行っている。

AD・デザイン・DTP
引田 大(PIECE OF DESIGN)

写真
キッチンミノル

校閲
聚珍社

編集
花本智奈美(扶桑社)

大人になってやめたこと

発行日　2022年8月10日　初版第1刷発行

著者　　一田憲子
発行者　小池英彦
発行所　株式会社 扶桑社
〒105-8070 東京都港区芝浦 1-1-1 浜松町ビルディング
☎03-6368-8870（編集）
☎03-6368-8891（郵便室）
www.fusosha.co.jp
印刷・製本　サンケイ総合印刷株式会社

ISBN978-4-594-09244-3

本書は 2019 年 4 月に刊行された『大人になってやめたこと』（扶桑社）に改訂を加えた文庫版です。